/ **100**位

为新中国成立作出突出贡献的英雄模范人物/

邹 韬 奋

亦 辰 / 著

★

吉林文史出版社

图书在版编目（CIP）数据

邹韬奋 / 亦辰编著. -- 长春 : 吉林文史出版社,
2011.4（2022.4重印）
（100位为新中国成立作出突出贡献的英雄模范人物）
ISBN 978-7-5472-0537-2

Ⅰ. ①邹… Ⅱ. ①亦… Ⅲ. ①邹韬奋（1895～1944）—
生平事迹 Ⅳ. ①K825.42

中国版本图书馆CIP数据核字(2011)第050737号

邹韬奋

ZOUTAOFEN

编著/ 亦辰
选题策划/ 王尔立　责任编辑/ 王尔立
装帧设计/ 韩璘
出版发行/ 吉林文史出版社
地址/ 长春市福祉大路5788号　邮编/ 130118
电话/ 0431-81629363　传真/ 0431-86037589
印刷/ 天津海德伟业印务有限公司
版次/ 2011年4月第1版　2022年4月第6次印刷
开本/ 640mm×920mm　1/16
印张/ 9　字数/ 100千
书号/ ISBN 978-7-5472-0537-2
定价/ 29.80元

100位

为新中国成立作出突出贡献的英雄模范人物

八女投江	于化虎	小叶丹	马本斋	马立训	方志敏
毛泽民	毛泽覃	王尔琢	王尽美	王克勤	王若飞
邓　萍	邓中夏	邓恩铭	韦拔群	冯　平	卢德铭
叶　挺	叶成焕	左　权	诺尔曼·白求恩		任常伦
关向应	刘老庄连	刘伯坚	刘志丹	刘胡兰	吉鸿昌
向警予	寻淮洲	戎冠秀	朱　瑞	江上青	江竹筠
许继慎	阮啸仙	何叔衡	佟麟阁	吴运铎	吴焕先
张太雷	张自忠	张学良	张思德	旷继勋	李　白
李　林	李大钊	李公朴	李兆麟	李硕勋	杨　殷
杨子荣	杨开慧	杨虎城	杨靖宇	杨闇公	萧楚女
苏兆征	邹韬奋	陈延年	陈树湘	陈嘉庚	陈潭秋
冼星海	周文雍、陈铁军夫妇		周逸群	明德英	林祥谦
罗亦农	罗忠毅	罗炳辉	郑律成	恽代英	段德昌
贺　英	赵一曼	赵世炎	赵尚志	赵博生	赵登禹
闻一多	埃德加·斯诺	夏明翰	格里戈里·库里申科		
狼牙山五壮士	聂　耳	郭俊卿	钱壮飞	黄公略	
彭　湃	彭雪枫	董存瑞	董振堂	谢子长	鲁　迅
蔡和森	戴安澜	瞿秋白			

前　言

　　每个人的心中都多少有一点英雄情结，都向往英雄、景仰英雄。也正因此，在中华人民共和国建国六十周年之际，由中央十一部委联合组织开展的"100位为新中国成立作出突出贡献的英雄模范人物和100位新中国成立以来感动中国人物"的评选活动中，群众参与投票总数近一亿。这其中的每一张选票，都表达了人们对英雄模范的崇敬之情，寄托着对伟大祖国的美好祝福。

　　一个民族不能没有英雄，否则这个民族就不会强大。当国家危难之时，懦弱者选择了逃避、妥协甚至投降，英雄们却挺身而出，用热血捍卫民族的尊严，人民的幸福。在创立和建设新中国的伟大历程中，涌现出无数可歌可泣的英雄模范人物。他们之中，有为了民族独立和人民解放而英勇牺牲的革命先烈，有为了党和人民的事业而不懈奋斗的优秀共产党员，有在全民族抗战中顽强奋战、为国捐躯的爱国将士，有英勇杀敌的战斗英雄和革命群众，有积极从事进步活动的著名民主爱国人士和国际友人……他们是民族的脊梁、祖国的骄傲，是激励全体人民团结奋斗的精神力量。

　　《100位为新中国成立作出突出贡献的英雄模范人物传记》丛书，就像一部星光璀璨的英雄谱，真实、完整地记录了英雄模范人物不平凡的一生，再现了他们非凡的人格魅力和精神世界。"头颅可断腹可剖"的铁血将军杨靖宇，"毫不利己，专门利人"的白求恩，"抗战军人之魂"张自忠，"砍头不要紧"的夏明翰，"俯首甘为孺子牛"的文化斗士鲁迅……一串串闪光的名字，一个个动人的故事，犹如群星闪烁，光耀中华。

　　如今，战火已熄，硝烟已散，英雄已逝，我们沐浴在和平的幸福之中。在和平年代，人们不会忘记为今日的和平浴血奋战的英雄们，英雄的故事永远不会结束。让我们用英雄的故事唤醒我们心中的激情，为中华民族的伟大复兴而奋斗。

生平简介

邹韬奋（1895-1944），男，汉族，江西省余江县人，生于福建省永安县，中共党员。

邹韬奋 1926 年任《生活》周刊主编。九·一八事变后，他坚决反对国民党政府奉行的"攘外必先安内"的不抵抗政策，主编的《生活》周刊以团结抗敌御侮为根本目标，成为国内媒体抗日救国的一面旗帜。1932 年 7 月成立生活书店，任总经理。生活书店成立后，团结了一大批进步作者，使其在全国各地的分支机构扩展到五十六家，先后出版数十种进步刊物，以及包括马克思主义译著在内的一千余种图书。1933 年 1 月，参加了宋庆龄等发起的中国民权保障同盟，并当选为执行委员，不久被迫流亡海外。1935 年 8 月回国后，积极参加抗日救亡运动，在上海创办《大众生活》周刊，旗帜鲜明地支持一二·九学生爱国运动。期间，他担任上海各界救国会与全国各界救国联合会的领导工作。1936 年 11 月，因积极宣传抗日，他被国民党当局逮捕，成为著名的救国会七君子之一。1937 年全国抗战爆发后获释，在上海创办《抗战》三日刊。上海沦陷后，转至武汉，继续主编《抗战》。武汉沦陷后，到重庆创办和主编《全民抗战》。1944 年 7 月 24 日在上海病逝。9 月 28 日，中共中央根据他生前愿望追认其为中国共产党正式党员。

1895-1944
[ZOUTAOFEN]

目 录 MULU

引领新闻出版界和爱国知识分子前进的旗帜（代序）

　　在上海龙华烈士陵园，静静地躺着一位无私无畏的新闻出版家。在那腥风血雨的日子里，他的文章曾经唤起了多少人走上抗日救亡的道路，影响了整整一代青年的成长。他的名字叫邹韬奋。

　　邹韬奋于 1895 年 11 月 5 日出生于福建，祖籍江西余江，原名邹恩润，邹韬奋是他的笔名。他一生大部分时间是在上海度过的。他在上海接受新式教育，完成了学业；他在上海开始了编辑、记者的生涯；他在上海建立了和谐、美满的家庭；他在上海创办了生活书店，达到了事业的高峰；最重要的是，他在上海从一个爱国主义、民主主义者走上了共产主义的道路。

　　在中华民族内忧外患交织的艰难时势中，邹韬奋不畏强暴，积极创办报刊，努力唤起民众，以犀利笔锋，怒斥敌寇，反对投降，主持正义，传播真理，为民族解放呐喊，为人民民主呼号，在中国人民苦苦求索的漫漫长夜里，成为一代青年认识社会、思考人生、追求进步的灯塔。正如周恩来所说："在他的笔底，培育了中国人民的觉醒和团结，促成了现在中国人民的胜利。"

　　反动势力对他及其他创办的进步文化事业，竭尽摧残迫害之能事，高官厚禄动摇不了，就继之以威逼恫吓，迫使他六次流亡，还过了八个月的铁窗生活。在这样的高压下，他主编的刊物屹然生存，屡创近代中国报刊发行的新纪录；他创办的生活书店，在全国设了五十多家分支店，在中国的新闻出版史上留下了光辉的一页。

邹韬奋逝世以后，中共中央在唁电中指出："邹韬奋先生二十余年为救国运动，为民主政治，为文化事业，奋斗不息，虽坐监流亡，决不屈于强暴，决不改变主张，直至最后一息，犹殷殷以祖国人民为念；其精神将长在人间，其著作将永垂不朽。先生遗嘱，要求追认入党，骨灰移葬延安，我们谨以严肃而沉痛的心情，接受先生临终的请求，并引此为吾党的光荣。"

邹韬奋离开我们已经有半个多世纪了，但他那种为国家的命运、民族的前途而顽强奋斗的可贵精神，将永远激励我们不断进取，为建设中国特色社会主义的宏伟大业贡献自己的力量。

邹韬奋的名字将永远是引领新闻出版界和爱国知识分子前进的一面旗帜！

从"大家庭"到"洋学堂"

(1895-1921)

→ 家学渊源 母爱情深

（0—17 岁）

1. 清廉正气的家传

1895 年 11 月 5 日（清光绪二十一年九月十九），邹韬奋出生在福建省永安县一个姓邹的官僚家庭里，取名恩润，乳名荫书。"邹韬奋"是他的笔名。他曾说过："韬是韬光养晦的韬，奋是奋斗的奋。"意思就是一面要韬光养晦，一面要奋斗。1931 年 1 月 1 日，他在《东方杂志》上发表《梦想的中国》时首次署名"邹韬奋"。

据《邹氏家谱》记载，邹韬奋的祖籍是江西省余江县潢溪乡沙塘村。邹韬奋是邹氏迁来余江的第十代。按"满玉隆有，文泗律宇，国恩嘉庆，人寿年丰"的次序，邹韬奋属"恩"字辈。

祖父邹舒宇，自幼贫困，多年苦读后于咸丰十一年（1861 年）考中了清朝拔贡，以七品京官分发到福建省候补知县，先后任福建省永安县知县、长乐县知县、延平府知府。1900 年告退后回江西老家定居。

邹舒宇擅长诗和书法，是一个有一定志向的封建官吏。在腐败成风的封建官场里，他作为封建士大夫阶层的一员，能够自己保持清廉，严格要求后代，对于邹韬奋人格的形成，应该说是有一定影响的。

父亲邹国珍，是邹舒宇的第五个儿子，在同辈中排行十四，娶查氏为妻。在邹舒宇年老告退以后，邹国珍携带家眷到福州做候补官，一直等了多年，才在福建省盐务局下面当了半年诏浦场盐大使（相当于现在的一个盐场场长）。1915 年迁居北京，在财政部印花税处任第二科科长。1927 年以后即退休在家，未参加过任何党派，也不信教。抗战爆发后，尽管汉奸殷汝耕曾来威胁利诱，但仍没有接受任何敌伪职务。他洁身自好的品质，对子女影响很大。五四以后，由于受"实业救国"思想的影响，他曾经邀约旧友金玉田等一起集资、筹划创办纱厂，结果不仅工厂没有办成，反而欠了一身巨债，弄得终生潦倒，一事无成。

母亲查氏，出生于浙江海宁的一个大家庭，排行十六，被称为"十六小姐"。15 岁出嫁到邹家后，又被称为"十四少奶"。后来丈夫做官后，人们便叫她"太太"。她的一生始终没有用她自己名字的机会。尽管查氏在邹韬奋 13 岁的时候就去世了，但还是给他留下了非常深刻的印象："我的母亲只是一个平凡的母亲，但是我觉得她的可爱的性格，她的努力的精神，她的能干的才具，都埋没在封建社会的一个家族里，都葬送在没有什么意义的事务上，否则她一定可以成为社会上一个更有贡献的分子。"由于丈夫整天在官场"应酬"，家里都靠母亲张罗。因为生活窘困，除了自己孩子的衣服鞋袜以外，还要接一些外面的女红来做，以补贴家用。艰难的生活和

沉重的负担，使查氏在 29 岁时就抛下三男三女，过早地离开了人间。这时，邹韬奋刚满 12 岁。

2. 严厉的启蒙教育

邹韬奋 6 岁的时候，他的父亲就亲自为他"发蒙"，读《三字经》。第一天上课的时候，他一个人坐在小客厅的坑床上，莫名其妙地"朗诵"了半天"人之初，性本善；性相近，习相远"，真是苦不堪言！他的母亲觉得这样读书不行。为了让儿子受到良好的教育，她情愿节衣缩食，省下钱来请"西席"老夫子来教邹韬奋。第一个请来的老夫子，除了供他膳宿外，每月只需四块大洋，后来才逐渐增加到十二元。但对于母亲来说，要筹措这笔钱已经是很不容易的了。

邹韬奋的父亲很严厉，每逢年底就要"清算"他平日的功课，亲自听他背书。邹韬奋10岁的时候，父亲在桌上放着一根两指阔的竹板，听他背《孟子见梁惠王》。他背向父亲站着背书，背不出的时候，父亲提一个字，并叫他回转身来，把手掌放在桌上，拿起那根竹板重重地打一下。尽管痛得失声而哭，但他还是回过身去再背。不幸又有一处忘了，背不下去，父亲就再提一字，再打一下。坐在旁边做针线活的母亲也心痛地哭了。但为了儿子上进，她只好时时从呜咽着的断断续续的声音里勉强说着："打得好！"背完了半本《孟子见梁惠王》，邹韬奋的右手掌已被打得发肿，约有半寸高。晚上，母亲含着眼泪把他抱上床，轻轻把被盖上，向他额上吻了几下。30年后，邹韬奋在回忆他母亲的时候说："由现在看来，这样的教育方法真是野蛮之至！但是我不敢怪我的母亲，因为那个时候就只有这样野蛮的教育法；如今想起母亲见我被打，陪着我一同哭，那样的母爱，仍然使我感念着我的慈爱的母亲。"

近十年"牢狱式的家塾"生活，使邹韬奋受到了比较系统的传统文化教育。中华民族悠久的历史、灿烂的文化，陶冶了他的爱国主义情操。这为他以后从事革命文化工作，奠定了扎实的国学基础和思想基础。

3. 从"私塾"到"洋学堂"

1909年春天，给邹韬奋上课的"西席"老夫子另谋高就了，新的一时还没有物色到。就在这时，邻居的一个孩子进了"洋学堂"，并对邹韬奋的父亲说，现在的"洋学堂"没有什么大逆不道。在这个邻居的鼓动下，邹韬奋得到父亲的允许，和胞叔邹国珂一起考进了"公立苍霞中学堂"预科。这是中国创办较早的一所新式学校。

从"牢狱式的家塾"到"ABCD 的洋学堂",对邹韬奋来说,是一生中的一次重要转折。原来他在"西席"老夫子的教导下,都是在"之、乎、者、也"的古文堆里兜圈子。现在除了国文课外,还有英文、数学、物理、化学、历史、地理、修身、体操等课程。这对于只学过"子曰""诗云"的邹韬奋来说,颇感吃力。但他还是以顽强的毅力克服困难,对每门课都下苦工夫进行钻研。福建机电学校的校史陈列室里至今还保存着当年邹韬奋使用过的《唐诗》、《历史讲义》等课本,以及他手抄的文章。邹韬奋初学英语时,总是把英文字母 p 和 q,u 和 n,m 和 w 混淆起来,课堂提问时受到老师的批评。回到宿舍后,他和同样没有正确回答老师提问的叔叔一起抱头大哭,并且"誓雪此耻"。从此,他俩把字母写在纸片上,互相考问,一直到完全记住。功夫不负有心人,邹韬奋的英语成绩迅速赶了上来,为他以后成为一个精通英语的教师和翻译,打下了扎实的基础。这时的国文课仍然是读"经书"。邹韬奋特别喜欢《左传》等书,也常阅读梁启超的文章。由此视野大为开阔,接触了许多新的知识,产生了许多新的想法。他的作文不但文笔犀利精炼,词意流畅明快,而且思想进步,有自己的独特见解,从而经常受到老师的好评。邹韬奋的学习态度非常认真。做算术时,叔叔经常要问侄儿,邹韬奋对他说:"不要以为我是侄儿,就应该把答案告诉你。"叔叔一气,认真动了脑筋,就自己算了出来。这时候邹韬奋高兴地搂着叔叔说:"只要脑筋开足了,难题就解出来了,如果依赖别人,什么事也做不成功。"邹韬奋在这所学堂里攻读的三年时间里,学习成绩一直名列前茅。1912年,他以全年级预科第一的成绩,结束了在福建官立中等工业学堂的求学生涯。

→ **"少年得此，的是隽才"**

★★★★★

1. 南洋公学的"优行生"

1912 年 10 月，邹韬奋 17 岁的时候，父亲把他带到上海，报考南洋公学（交通大学的前身，当时已改称交通部工业专门学校，但大家口头上还是叫南洋公学）附属高等小学。该校的入学要求十分严格，经沈叔逵校长亲自主持考试后，邹韬奋作为插班生进入该校四年级，开始了他在上海的求学生涯。

南洋公学是盛宣怀于 1897 年奏准在上海筹办的一所国内著名的工程学校。在该校附小（学制四年）毕业后可直接递升附属中学（学制四年），附属中学毕业后可直接递升预科（学制一年）、专科（分土木和电机两科，学制三年。1918 年取消预科，专科学制改为四年）。所以一跨进南洋的附小，就好像是在准备做工程师了。这也是邹韬奋的父亲千里迢迢送儿子到这里求学的初衷。当时邹韬奋并不清楚当工程师究竟有多大贡献，只知道工程师能造铁路，被人尊敬，收入也很高，所以也很羡慕这个职业。

在学习的诸科目中，邹韬奋最喜欢的是文史，对数学最感头痛，每次上数学课，都感到像上断头台一样，兴趣索然，非常难受，从而逐渐萌发了要学文科的念头。

由于对国文课的浓厚兴趣，邹韬奋还在课余时间，阅读了《古文辞类纂》、《经史百家杂钞》、《韩昌黎全集》、《王阳明全集》、《曾文正全集》以及《明儒学案》等等。有的甚至看第二遍、第三遍，从而进一步加深了以儒家思想为主体的传统文化对他的影响，并且对于奠定扎实的国学基础起了很大的作用。广泛的课外阅读，使他的眼界大大开阔，写作水平也有了很大的提高。我们在 1914 年 7 月由苏州振新书社出版的《南洋公学新国文》中看到，邹韬奋已经有七篇文章入选。老师在一篇文章的后面加了这样的评语："文气疏宕，词义精辟。少年得此，的是隽才。"

升入中学以后才几个月，邹韬奋就陷入了经济困境之中。由于父亲失业，家里无法继续支付他的学费。就在这最困难的时候，邹韬奋在期末被学校评为"优行生"，可享受免缴学费的优待。此后，他把这个荣誉一直保持到离开南洋公学，只有一个学期例外。这一次"例外"说来也很有趣，不是由于他的学习成绩不好，而是由于他的品学太好了，"除学识是怎样怎样的精研通达外，性情又是怎样怎样的谦逊韬晦"，简直不是什么物质的奖励所能包容的，所以特给予"荣誉的奖励"，而把"优行生"的名义"暂停一次"。这真使邹韬奋哭笑不得。老师们的盛情鼓励固然可感，可那一学期的学费却使他大费了一番筹谋。

可是除了学费之外，还有其他必需的生活开支怎么办？在困境中挣

扎的邹韬奋想起给报刊撰稿也许不无小补。于是他开始给《申报》副刊《自由谈》、商务印书馆出版的《学生杂志》投稿。开始几次总是失败，石沉大海，无影无踪。但他毫不气馁，还是挤时间继续写作。当他在报上看到自己的文章被登出来时，最初一刹那间好像还不能相信自己的眼睛。他和他同在南洋学习的二弟邹恩泳一起，到棋盘街的一个小摊上刻了一个图章，到申报馆领到了6块亮晶晶的大洋！此后，邹韬奋又有不少文章陆续发表，不仅解决了经济上的部分困难，而且在精神上、学习上都受到很大鼓舞。除此之外，邹韬奋还经常利用课余或假期，担任家庭教师为人补课。这是当时苦学生"救穷"的办法。尽管他的功课很忙，但在执行家庭教师职务的时候，仍然认真，对学生异常严格，受到家长的普遍欢迎。因此，一家结束另找一家接下去是很容易的。

2. 散去的工程师梦想

邹韬奋虽然在"工程师摇篮"里接受熏陶，但他心里早就对新闻记者这个职业产生了浓厚的兴趣。因此，当时报刊上的一些有趣的报道，他都非常注意。尤其是《时报》上刊登的远生的"北京通讯"使他着了迷。远生就是当时的名记者黄远庸的笔名，是中国新闻史上第一个有影响的以新闻通讯见长的记者。邹韬奋每次到阅报室，总是先看看《时报》上有没有远生的特约通讯。为什么远生的通讯有这样大的吸引力呢？邹韬奋说："第一是他的探访新闻的能力实在好，他每遇一件要事，都能直接由那个有关系的机关，尤其是由那个有关系的政治上的重要人物，探得详细正确的内部的情形；第二是他写得实在好！所以好，因为流利，畅达，爽快，诚恳，幽默。"所以，邹韬奋从写作内容到写作技巧，都很佩服他，把他当做一个极要好的朋友，并且也很羡慕他，希望自己将来也能成为一个新闻记者。

激励邹韬奋要做一个新闻记者的还有一个因素，就是梁启超和他主编的《新民丛报》的影响。早在福建官立中等工业学堂求学的时候，邹韬奋已经读过梁启超的著作。进入南洋公学中院以后，他还常常在晚上跑到附属小学沈永瘰先生那里请教。沈先生藏有全套的《新民丛报》，邹韬奋视之为珍宝，尤其是对梁启超的文章产生了极大的兴趣，每天几本几本地借出来看，简直入了迷。他认为这是梁启超一生中最有吸引力的文章，往往非终篇不能释卷，甚至夜里10点钟熄灯后，还偷偷地点上蜡烛，躲在蚊帐里看，直到两三点钟才勉强吹息烛光睡去。

3. 叩开圣约翰的大门

升到大学二年级以后，邹韬奋越来越感到所学的电机专业和自己的

兴趣不合，尤其是微积分和高等物理学，尽管最初还"再接再厉，不肯罢休"，但最后还是被"最艰深困难的题目"困窘得实在没有办法了，便决心和"电机科"告别，弃工从文，离开南洋，投考圣约翰大学。由于工科和文科的课程相差太多了，因此要想从工科二年级跳到文科三年级，当时很多朋友都认为是太大胆了。但邹韬奋还是决定要大胆地拼一下。他住在上海青年会的宿舍里，预备考试的功课，每天都开"夜车"，直到凌晨两三点钟。考试那天天蒙蒙亮，邹韬奋就起来了，匆匆盥洗后，连早餐都没有用，就出发了。从四川路乘电车到静安寺，和几十个同往投考的人们不约而聚地步行一小时左右，才到了圣约翰大学。然后各人都分别到各个有关系的教授房间里去应试。提心吊胆了差不多一个星期，结果居然被录取了。

邹韬奋如愿以偿地踏进了圣约翰大学以后，课程上的烦闷完全消除了，而经济上的困窘还是继续着。辛辛苦苦做了几个月家教所获得的经费，虽然是栗栗畏惧地使用着，一个学期也用完了。这时他已经开始翻译杜威的巨著《民治与教育》，但是远水救不了近火，只能靠继续做家庭教师维持日常的主要开销。他每天下午下课后就要往外奔，教两小时后再奔回学校。这在经济上是有了一定的收入，但在时间上是更忙了。白天的时间不够用，只好在晚上"开夜车"。他当时所教的学生都是预备报考高中的，因此要包办好几门课程，内容也颇为复杂。由于他平时学习非常用功，基本功扎实，所以都能应付下来。他靠着在南洋公学时研究过一些"古文"，给学生修改文言文的文章；靠着南洋公学和圣约翰大学对英语的重视和自己的日常积累，给学生讲解英国文学；尽管他对数学非常头痛，但靠着在南洋公学时的努力，给学生补习几何和代数，还是能够胜任的。因为邹韬奋在南洋公学是有名的高材生，所以他到了圣约翰大学以后，许多同学都热心介绍他到自己的亲戚家里去做家庭教师。后来他的三弟邹恩济进了南洋中学，邹韬奋和二弟邹恩泳每月各人还要给他几块零用钱，经济上的负担就更重了。幸好这时圣约翰大学的图书馆需要一个助理员，每天晚上工作一小时，每月工资9块钱。邹韬奋毛遂自荐，居然被校长批准了。这样，他才勉强渡过了难关。

邹韬奋在圣约翰大学主修西洋文学，副修教育。两年的时间很快就过去了，1921年7月，这位品学兼优的苦学生，在诸多好友的帮助下，度过重重难关，终于在大学毕了业，完成了学业，为献身社会、谋求职业奠定了扎实的基础。

"曲线"就业之路

(1921—1930)

➜ 曲线就业 砥砺品性

1.黄炎培慧眼识才

1921 年 7 月，邹韬奋结束了求学生涯，离开了圣约翰大学，迈出了走向社会的第一步。在旧社会，大学毕业就意味着失业。职业的危机感对于没有一定社会背景的穷学生来讲是相当严峻的。但是邹韬奋还是幸运的，毕业前就找到了工作，到厚生纱厂当英文秘书。这个工作虽然有违他想加入新闻界的初衷，但在一时没有什么其他机会的情况下，他也不得不走曲线就业的道路。上班没几天，他就被老板调到上海纱布交易所当英文秘书。尽管这个工作很呆板，每天翻译几页关于纱布的英文电讯，并不合邹韬奋的爱好，但每月 120 元的薪水，却可以使他归还所借的学费。所以他只能在这烦闷的环境里继续干下去。

邹韬奋从小学起就想当一名记者，所以他一边在交易所任职，一边继续留意在新闻界寻找新的工作。当时，圣约翰大学毕业的张竹平正在做《申报》经理，请邹韬奋以私人的资格去报馆帮他处理英文函件。于是他每天下午6点离开交易所后就匆匆赶到《申报》馆，一直忙到晚上10点。就在这三个星期里面，他"学得办事的认真态度"，为他以后正式加入新闻出版界打下了扎实的基础。

结束了在《申报》馆的临时英文秘书工作后，邹韬奋又被圣约翰大学的一位校友请去上海青年会中学担任英文教员。该校因为一位教师被学生轰走，迫切需要有人上课，而他当时住的青年会宿舍就在该校隔壁，课又安排在午后第一节，对于交易所的工作没有影响，所以他答应试试。由于他认真备课，认真讲课，注意调动学生的积极性，所以学生不仅不讨厌，而且在期末时，向教务主任要求他连任下去。

既然在新闻界一时没有尝试的机会，而在青年会中学的教学又获得了成功，所以邹韬奋决定在教育界再试试"走曲线"的就业策略。他大着胆子给教育界前辈黄炎培写了一封信。黄炎培可以说是邹韬奋的学长，曾经在南洋公学特班选读外交科，受教于中文总教习蔡元培。1916年，黄炎培考察美国教育回国后，曾应邀去母校南洋公学讲演游美感想，给当时尚在南洋附小求学的邹韬奋留下了深刻印象。此时黄炎培主持的中华职业教育社正在物色一位中英文都可取的编辑人才。他接信以后就约邹韬奋面谈，十分慎重地索阅了邹韬奋就读圣约翰大学时发表在《约翰声》上的文章，并仔细了解了邹韬奋的为人。在进行了认真的考察后，黄炎培决定请邹韬奋到中华职业教育社担任编辑股主任，负责编辑《教育与职业》月刊和编译"职业教育丛书"。有限的经济力量使职教社只能支出60元的月薪，为了不使邹韬奋收入减少，黄炎培只要求他为职教社工作半日，还有半日则介绍他到江苏教育会的"科学名词审查会"兼职。于是，邹韬奋毅然辞去了上海纱布交易所的秘书职务，跨进了中华职业教育社的大门，开始走上了编辑、出版的道路。

2. 潜心职业教育的研究

邹韬奋做任何事，都是认真负责的。尽管他"对于职业教育并没有怎样浓厚的兴趣"，但基于对职业道德的重视，他仍然恪尽职守，脚踏实地地投入到这项工作中去。1922年7月，进入职教社不久的邹韬奋就和黄炎培、沈肃文一起代表职教社，参加了在济南进行的"中华教育改进社"的年会。会议期间，他连续三次发回了关于会议的详细报道，先后在7月5日、7日和8日的《申报》上发表。此后，他先后发表了《职业教育之鹄的》《中

△ 1924年邹韬奋在上海

国之职业教育》等数十篇文章，介绍了国内外职业教育的情况，也发表了自己对于职业教育的一些看法。

由于邹韬奋的刻苦努力，很快就在职业教育的研究方面取得了可喜的成果，为中国的职业教育事业作出了一定的贡献。从1922年进入职教社到1926年10月接办《生活》周刊，短短的四年时间里，他除了编辑《教育与职业》并为其撰稿外，还先后编译出版了《职业教育研究》、《职业智能测验法》、《职业指导》、《职业实验》第二辑、《职业心理学》、《书记之知能与任务》等职业教育丛书。

邹韬奋不仅是在黄炎培所提供的机会和环境下取得这些成果的，更为重要的是在实际工作中，从黄炎培等职教社前辈那里获得了许多有益的经验和教训。如他编译第一本专著《职业智能测验法》时，由于没有经验，只是依样画葫芦似的，把它译成了三万多字的中文。没想到黄炎培看了以后，提出了诚恳而又严格的批评，告诫他译书时不要忘却我们的重要对象是中国读者，要处处照顾到他们的理解力、他们的心理、他们的需要。黄炎培这番心平气和、轻声慢语的教诲深深印入了邹韬奋的脑际。他坦然接受了批评，重新译过，结果获得了黄炎培的大加称赞和鼓励。这本书作为"职业教育丛书第二种"由商务印书馆正式出版时，黄炎培还写了序。邹韬奋后来回忆这段经历时，不无感慨地说：这个教训，"很有益于我以后的著作方法，很有助于我以后办刊物的技术"。因为他认为，"在写作的时候，不要忘记了你的读者"是一个对有志于著述的人最应注意的原则。

在担负职教社的编译重任的同时，邹韬奋还兼任了职教社的职业指导股副主任，参与发起了黄炎培倡导的职业指导运动。他一方面经常与黄炎培等前辈一起探讨职业指导原理，一方面又深入社会，直接同职业教育的对象——学生打交道。他们到上海乃至宁波、南京、武汉、济南等地的中学，举办职业指导运动周，让学生填写中华职业教育社准备的"职业指导表"，请一些专家按日演讲，并亲自和学生个别交谈。此外，他还先后撰写了《美国的职业指导运动》、《中国职业指导的现况》等有关职业指导的文章，介绍了国外的职业指导运动，发表了自己对于在中国如何进行职业指导的看法。

3. 中华职业学校的英文教师

进入中华职业教育社的第二年，邹韬奋被中华职业学校校长顾荫亭看中了。刚巧邹韬奋在科学名词审查会的半天工作可以告一段落，因此他接受了顾荫亭的聘请，出任该校的英文教师兼英文教务主任，而且一干就是七八年之久。英文教务主任的工作主要是排列课程、分配课时、选定课本、协助教师解决问题等等。因此，邹韬奋在开学和期末的时候特别忙，平时主要还是上好每天上午的三四节课。

在多年的教学实践中，邹韬奋总结出了一整套的英语教学方法。他认为，学习英语必须掌握三种技能，那就是：说、看、写。因此教英语的老师必须要在这三方面狠下工夫。在英语教学法方面，邹韬奋也有成功的经验。那就是在上英语课的全部时间里，让学生听的是英语，讲的是英语，看的当然也是英语。不到万不得已的时候，最好一个中文字都不讲。所以，他在上第一课的时候，就开宗明义讲清楚，使每个学生都明白这个原则，相信这个原则。

邹韬奋不仅在教学上一丝不苟，毫不含糊，在履行教师的职责时也是非常认真的。有一年，他所教的商科三年级里有一个低能学生，平时成绩总评不过 10 分，大考的成绩也只有 5 分，补考后仍然不满 10 分。本来邹韬奋对于分数并不斤斤计较，认为分数只能表现个大概，一般差几分他都可以通融。这个学生相差实在太远了。所以邹韬奋认为他不能升级。没想到这个决定居然引起了一场轩然大波。这个学生的父亲是某教育会的干事，与这个学校的董事们都有密切的关系。他自恃有权有势，跑到校长那里大办交涉，说邹韬奋对他的儿子有成见。邹韬奋把平时的成绩记录给校长看，并向校长声明："如果这样的学生可以升级，我要立刻提出辞职不干，请你另请高明。"校长被那个家长纠缠得没办法，只好说这是教师的职权，让他直接找邹韬奋。而他不敢找邹韬奋交涉，却跑到两

△ 1923年6月，中华职业学校教职员合影，前排左七为邹韬奋。

个校董那里告状。幸好这两个校董了解邹韬奋的教学情况，使他碰了一鼻子灰，狼狈而走。由于邹韬奋决不妥协，坚持斗争，校长也没有屈服于压力，从而维护了学校的教学秩序和原则。

➡ 相濡以沫　相敬如宾

★★★★★

（28—36岁）

1. 初次婚姻的曲折经历

邹韬奋的第一次婚姻，有过一段曲折的过程。早在他求学时期，他的父亲就和其要好同事一起，为自己的儿女订下了"秦晋之好"。女方叫叶复琼，是一位十足"诗礼之家"的"闺女"，吟诗读礼，工于针黹。在"父母之命"、"媒妁之言"的封建时代，父亲包揽子女的婚姻大事是理所当然的。因此，从小受着儒家文化熏陶的邹韬奋，对这件事，并没有什么反应。然而，经过五四运动的洗礼后，许多青年提出了婚姻自由的大胆要求，邹韬奋也为自己的婚姻提出了抗议，但是不仅遭到了双方家长的拒绝，而且叶复琼也秉承"诗礼之家"的传统，明确表示情愿终身不嫁。于是，这件事就成了僵局，便搁了下来，直到邹韬奋大学毕业工作以后，还是迟迟没有解决。但是他每每想到有个女子为了自己而终身不嫁，心里又感到有些不忍，她不过是个时代的牺牲者，如再坚持僵局，就会使她更加不幸。因此，到了1923年，邹韬奋在还清了求学时的债务，并节余了几百块钱的情况下，终于自动收回了抗议，和叶复琼结了婚。

结婚以后，邹韬奋和叶复琼成了恩爱相投的好夫妻。叶复琼对丈夫体贴入微，感情笃厚。邹韬奋不仅在生活上得到妻子的细心照顾，在事业上也得到了她的热情帮助。当时邹韬奋正在翻译杜威的《民本主义与教育》，遇到需要斟酌修改的地方，叶复琼帮他出了不少点子。另外，该书的誊录校对，也花费了叶复琼的不少工夫。所以，当《民本主义和教育》译完后，邹韬奋在《译者序言》中特意指出，若非内子叶复琼"时常督促鼓励，恐怕这本书至今还不能完毕。这也是我要特别志谢的"。

可是好景不长。1925年初，和邹韬奋在婚后的生活中已经建立了深厚感情的叶复琼，因患伤寒而不幸去世了。结婚不到两年就突然丧偶，似晴天霹雳，给邹韬奋以沉重的打击。由于极端地悲伤，邹韬奋在那个时候的生活，简直完全沉浸在情感的激动中，几乎失去了理性的控制，只要一想起叶复琼，就泪如泉涌地痛哭。

2. 和沈粹缜喜结良缘

叶复琼去世以后，邹韬奋心情沉郁，非常孤独。他的同事和朋友们都对他很关心。同年春天，中华职业教育社的负责人杨卫玉便把时任苏州女子职业学校美术科主任的年轻女教师沈粹缜介绍给他。邹韬奋以无比炽热和专注的感情，开始和沈粹缜交往。他几乎每星期都要给她写上一两封信，倾吐自己的心曲。他在爱情方面，不仅热情洋溢，而且也能体贴人，还很风趣。有一次，他有意用苏州方言写信，沈粹缜怎么也看不懂，后来索性逐字逐句读起来，不禁哑然失笑，原来是地道的哝哝吴语。沈粹缜深为邹韬奋的幽默所打动。她十分敬慕邹韬奋自立奋斗、苦学成才的精神，甘愿与他过一辈子的清贫日子。两个年轻人很快就相爱了。同年7月，他们在苏州留园订了婚。此后，过往就更密切了。

1926年元旦，邹韬奋和沈粹缜喜结良缘，建立了幸福美满的小家庭。他们在上海南京路永安公司（现华联商厦）楼上的大东酒家正式举行了婚礼。那天，沈粹缜穿着一套血牙红的衣裙，胸前别了一枝小小的珠花，楚楚动人；邹韬奋则是风度翩翩，欣喜万分，充满着对未来的美好憧憬和热烈追求。命运把这对志同道合的青年紧紧地结合在一起了。从此以后，在邹韬奋的生活和事业里，始终蕴含着沈粹缜——一位妻子无私的默默奉献。她独自挑起了家庭的担子，让邹韬奋在全身心地为事业而奋斗的时候，没有半点后顾之忧。在长达18年的风风雨雨中，他们始终相濡以沫，相敬如宾，同甘共苦，共渡难关。

结婚以后，沈粹缜毅然辞去了苏州女子职业学校每月60元优厚薪水的工作，到上海来和邹韬奋一起生活，全力挑起了家庭的担子，支持他的工作，让他毫无后顾之忧地投入到事业中去。

在日常生活中，沈粹缜确实是一位治家的能手。邹韬奋对自己的妻子也是绝对的信任，亲切地称她为"财政部长"。每当他一领到工资，就立刻原封不动地交给沈粹缜。沈粹缜就把一个月的各项必要开支，一笔笔分开包好，放在各个信封里。

尽管对于邹韬奋所从事的新闻出版事业，沈粹缜是完全陌生的，但她仍然细心地关注着丈夫的生活规律和节奏。邹韬奋下班回到家里，包里总是塞得满满的。晚饭以后，他就开始处理稿件和读者来信。此外，他还要利用晚上的时间，编译一些东西。邹韬奋工作时，沈粹缜从不干扰他。当看到邹韬奋疲倦时，她就送上一杯清茶，自己则坐在书桌旁，凑在灯光下看一看他的译文。有一次，她感到译文中的有些句子有点冗长累赘，就对丈夫说："你译的句子太长了，读者看起来吃力得很。"邹韬奋听到后不禁连连点头，惊喜地说："你倒蛮厉害的，看得出问题。"他对妻子的意见非常重视，立即动笔改了起来。

每逢邹韬奋要出门时，沈粹缜便把车钱和买东西的钱分别包好放在他的口袋里，并告诉他到哪一站下车，真是照顾得无微不至。到了星期天，沈粹缜总要让忙碌了一周的丈夫好好休息。邹韬奋喜欢听听音乐，跳跳舞。沈粹缜就把家里的留声机打开，放一些广东音乐的唱片。邹韬奋兴致上来时，也会一个人抱起椅子，嘴里哼着曲调，快步地旋转起来。有时候，他们两人也会去看看外国电影，有的苏联片子甚至会看两遍。这样的忙中取乐，使生活充满了情趣。邹韬奋的许多朋友都十分羡慕这个和谐、幸福的家庭。

3. 和煦温暖的小家庭

邹韬奋和沈粹缜结婚后，把新房安在上海法租界辣斐德路成裕里18号。这是一幢单开间的三层石库门楼房，

△ 1926年1月邹韬奋与沈粹缜结婚时留影

刚造好不久，共 100 多平方米的居住面积。一层是客厅，二层做卧室，为了减少开支，他们把三层转租给了别人。同年农历八月二十七日，他们的长子嘉骅（即家华）就在这里出世了。这一天恰好是孔子的诞辰日，沈粹缜特别高兴，心里暗暗盼着自己的孩子能成长为一个有出息的人。

孩子的出世，使温馨的小家庭一下子热闹起来。然而随着家里添丁进口，还要给老家寄钱，他们只好再度节省开支，告别了这幢住了三年的新房，搬到劳神父路玉振里5号。他们租了第二层，减少了房租开支，邹韬奋上下班也更近了。1929年农历正月初八，他们的次子嘉骝也来到了人间。

随着邹韬奋事业的发展，一年后他们再次搬了家。1930年农历五月十八，他们的女儿嘉骊出生在吕班路万宜坊54号（现重庆南路205弄）。建国以后的1956年，党和人民政府为了纪念邹韬奋，决定把这里作为邹韬奋

△ 全家合影（左起：邹嘉骅、沈粹缜、邹韬奋、邹嘉骊、邹嘉骝）

的故居保存下来供后人瞻仰，隔壁 53 号建立了邹韬奋纪念馆。

邹韬奋对待工作的态度是很严肃的，但在家庭生活中，却是一个说话风趣、喜欢逗人、和蔼可亲的人。自从有了孩子以后，不论工作多忙，总要抽点时间和他们一起玩。他对孩子的教育很严格，比如平时吃饭时，都要他们自己盛饭、添饭，养成自己动手的好习惯。那时，邹韬奋的朋友只要到他们家里去过的，无不交口称誉邹韬奋的家庭充满了和煦、温暖和幸福。

→《生活》周刊 雅俗共赏

★★★★★

（30-35 岁）

1. 焕然一新的《生活》周刊

《生活》周刊是在 1925 年 10 月 11 日创刊的。黄炎培亲笔题写了刊名，请留学美国回来的王志莘任主编，主持《生活》周刊具体编辑事务，邹韬奋等人为撰稿人。最初《生活》周刊是一张四开的小型刊物，每期印 2800 份，主要是赠送给中华职业教育社的社员和教育机关，社会影响并不大。翌年 10 月，王志莘转入银行界，遂辞去了《生活》周刊的工作。黄炎培等中华职业教育社的负责人经过慎重考虑，决定请邹韬奋以职教社编辑股主任的身份自第二卷第一期起主编《生活》周刊。这是邹韬奋正式从事新闻出版工作的开始，也是他加深认识社会，探讨人生道路的开始。此后，他就全身心地投入到新闻出版事业，始终"乐此不疲"，自愿"老死此乡"，从而获得了巨大的成功。《生活》周刊以崭新的面貌出现在上海滩上，发行量屡创中国杂志的新纪录。

《生活》周刊初创时条件很艰苦，社址设在辣斐德路（现复兴中路）444 号的一个小小的过街楼里，三张办公桌就把小屋塞得满满的，几乎没有转身之地。编辑部、总务部、发行部、广告部、资料室、会议室六位一体，都在这十几平方米的空间里。开始时只有两个半人从事实际工作，除了邹韬奋以外，就是主管营业、总务和广告的徐伯昕和兼职会计孙梦旦。为了编好这份刊物，开创一番事业，三个志同道合的年轻人在几盏悬挂在办公桌上的灯下，经常工作到午夜。

《生活》周刊的编辑工作可以说是邹韬奋一个人在唱"独角戏"。黄炎培对邹韬奋十分信任，不干预编辑工作。久经生活磨炼的邹韬奋，"学得办事的认真态度"，做什么工作都是敬业乐业的。他搜集了各种材料，分类排列，每一类编写成刊物上需要用的文章，以各种不同的笔名发表，每个笔名都有一个特殊的性格。例如关于传记的由甲笔名专任，关于修养的由乙笔名专任，关于健康的由丙笔名专任，关于讨论的由丁笔名专任，关于小品文的由戊笔名专任。

办好一种杂志，最主要的是要吸引人看，而且看了要有所收益。邹

◁ 《生活》周刊初创时社址辣斐德路一个过街楼

韬奋在编辑《生活》周刊时，非常注意这两者的统一。他在牢牢把握正确的宣传方针，也就是使刊物的内容符合最大多数读者的利益，为最大多数读者所需要的同时，尽量运用高超的编辑技术，把正确的思想内容用最完美的形式表现出来，以吸引更多的读者。他的办刊宗旨是很明确的："本刊期以生动的文字，有价值有兴趣的材料，建议改进生活途径的方法，同时注意提醒关于人生修养及安慰之种种要点，俾人人得到丰富而愉快的生活，由此养成健全的社会。"他设的栏目除了言论、专论之外，还有事业与修养、处事之道、名人轶事、人物介绍、平民生活素描、学徒生活之改进、国外通讯、婚姻恋爱、名人箴言、娱乐、体育等。从体裁上看，有较长篇幅的通讯、传记、游记，也有短小精悍的小言论、编者随笔，还配上不少插图和漫画。无论是栏目的设置、体裁的多变，还是材料的精选和安排，都可以看出邹韬奋是花费了大量心血的。至于刊物的内容，他也是抱着十二分的热诚，务求"精益求精"。

在邹韬奋的精心编排下，《生活》周刊面貌焕然一新。由于排版新颖，文字优美，内容实在，吸引了许多读者，发行量迅速增加。有个读者曾写信赞扬《生活》周刊说："每星期之渴望《生活》，真有'若大旱之望云霓'之慨。"

2. 全心全意为人民大众服务

全心全意为人民大众服务，是邹韬奋在主持《生活》周刊的编辑工作中，最引人注目的特点。他始终坚持真实地报道人民群众的生活，反映人民群众的呼声，尤其替受苦的民众发出"对于社会的呼吁"。他认为："尽一人的心力，使社会上的人多得到他工作的裨益，是人生最愉快的事情。"他从主编《生活》周刊开始，就决心"帮助读者解决种种困难，凡是在自己力量内所能勉力办到的事情，必须尽忠竭诚为读者办到"。

为了加强同广大读者的联系，了解社会的现实生活动态，掌握群众的思想状况，从而使刊物更好地为人民大众服务，邹韬奋在接办《生活》周刊后就设立了"读者信箱"专栏，并为此花费了极大的心血。他把处理读者来信看成是为群众服务的机会，所以总是全力以赴地为读者解决思想、工作、生活上的种种问题。随着读者的日益增多，读者来信也日益增多，从每天的几十封逐渐增加到几百封，有时甚至一天收到一千多封。开始的时候，邹韬奋是一个人包干拆信、选登、答复，忙得不可开交，但也干得不亦乐乎。后来，时间渐渐不够了，"一个人纵然不睡觉也干不了"，就增加了四个人，在他的指导下工作。读者来信是形形色色、五花八门的。"有的提出那个问题要调查，有的托买这件东西，有的托买那件东西"。他们把来信的原稿都妥为留存，把来信者的姓名和地址都编入卡片，以便联系，来信的内容也按问题的性质分类归档，作为收集材料、研究问题、了解群众情绪、写作言论的"营养剂"。在答复一些专业性较强的问题时，他们总是要请教有关方面的行家。来信太多，不可能全部发表，他们就一一直接给读者回信，有时最长的回信达到数千字。这种服务态度，使广大读者对《生活》周刊的信任度日益增加，来信也就更多了。

为了更好地为读者服务，《生活》周刊于 1930 年 9 月创办了"书报代办部"，专门处理读者委托代办的各种事情。除了代购书报以外，还要代购衣料、鞋子等其他物品，甚至代找律师、医生、旅馆等等。这个代办部的工作都是义务的，用特殊批发折扣的一些收入进行开销。他们不怕麻烦，不避辛苦，尽量满足每个读者的要求。当时，有许多旅居海外的侨胞和远在内地的读者，都来信要买上海的商品。代办部就想方设法给他们买到。有时买得不合要求，还包退包换，直到满意为止。正是这种鞠躬尽瘁的服务精神，吸引了越来越多的读者。

3. 重视编辑队伍和作者队伍的建设

邹韬奋在主编《生活》周刊期间，不仅在杂志的思想内容上狠下工夫，全心全意为读者服务，而且非常重视编辑队伍和作者队伍的建设。他最初接编《生活》周刊时只有"两个半人"，编辑业务全靠自己一人唱"独角戏"，几乎全部文章都由他包办。到 1932 年 7 月成立生活书店的时候，工作人员已经发展到几十人，并拥有诸如胡愈之、杜重远、李公朴、戈公振、艾寒松、毕云程等一批著名学者和社会活动家的强有力的作者队伍，其中徐伯昕是他最为得力的助手。

徐伯昕比邹韬奋小八岁，工作踏实勤奋，善于经营谋划。他多才多艺，字写得好，画也作得好。《生活》周刊上的许多插图就是他画的。广告是杂志社的重要收入。徐伯昕在拉广告的过程中，广结善缘，获得了许多同情和友谊。他以全心全意为客户着想的精神，进行广告设计，使人家看了心满意足，钦佩之至。他们经常把同样的广告设计底稿，刊登在其他报刊上。因此，《生活》周刊每做一次广告，就好像结交了一位朋友。

在编辑《生活》周刊的过程中，邹韬奋很注意人才的发现和培养工作，使一些才华横溢的青年脱颖而出，并经常和作者联系，千方百计地物色人才、网罗人才，建立和发展自己的作者队伍，以改变靠"独角戏"来应付局面的状况。他认为，办刊物"必须有若干基本的同志作经常的协助，'基本'和'经常'在这里有相当重要的意义"。他特别注重从普通的读者来信中寻找人才。

1930年10月，刚从复旦大学毕业的艾寒松，化名"何敬之"给邹韬奋写了一封六七千字的长信，阐述了他对"人生"的看法，提出了"凡是被压迫的人类，都要起来革命，和那一样圆颅方趾却享着特权的人类，拼个你死我活"的观点。邹韬奋看后觉得这个读者有"清晰的思想与正确的观念",立刻写信约他晤谈后,当场决定请他担任杂志社的总务主任。此后,艾寒松先后发表了一系列研究、宣传马克思主义基本原理的文章,对《生活》周刊的发展作出了很大的贡献。

邹韬奋对于稿件的选择也是很严格的,从来不迷信"名人"、"权威",一贯坚持"凭质不凭名"的原则,不管是谁的来稿,只要是好的就用,不好的坚决不用,一点不讲情面。但是对于真正富有才识的专家学者,他是十分尊重的,从而团结了一大批作者,使《生活》周刊越办越好。

对真理的探索

（1930—1937）

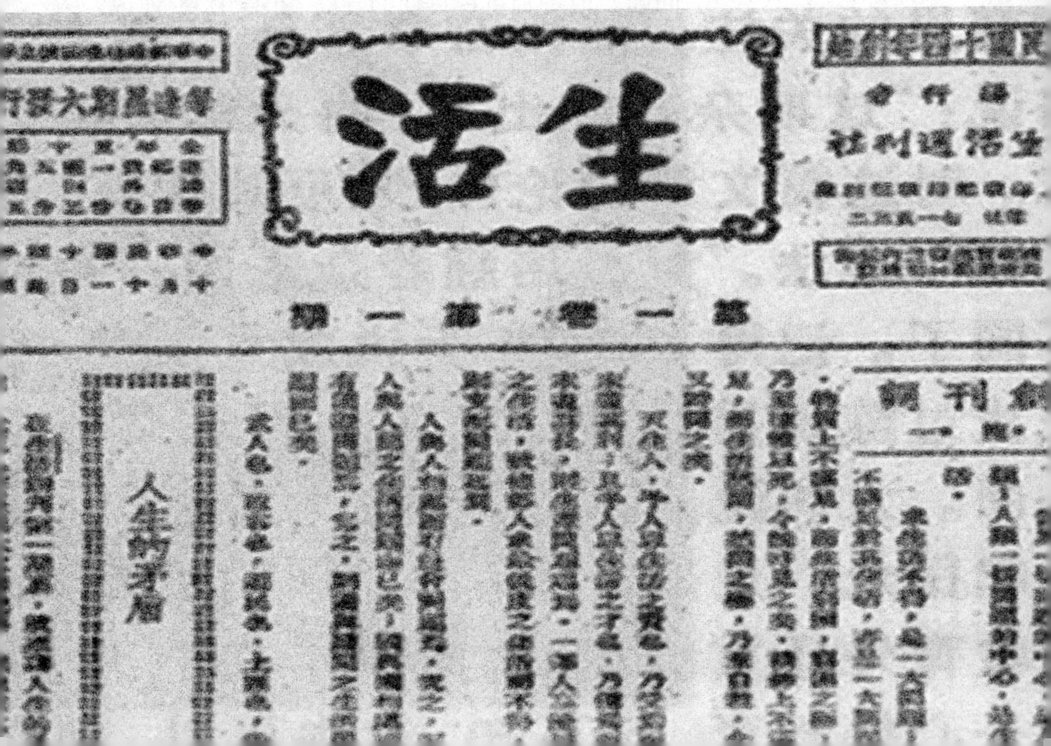

生活

第一卷第一期

生活週刊社

創刊詞

追求真理 伸张正义

★★★★☆

1. 主持正义的舆论机关

《生活》周刊原来是一个教育类的期刊，邹韬奋接办以后就对这个刊物的内容进行了改革。他根据读者的需要，不断改变编辑方针，使它从单纯谈论"职业教育"和"青年修养"转而讨论社会问题。他特别重视每期的开篇"小言论"。他说，"小言论""虽仅仅数百字，都是我每周最费心血的一篇，每次必尽我心力就一般读者所认为最该说几句话的事情，发表我的意见"。由于邹韬奋处世认真，满怀对人民大众的同情与热爱，以及富有正义感的硬骨头个性，《生活》周刊在他的主持下，"渐渐注意于社会的问题和政治的问题，渐渐由个人出发点而转到集体的出发点"，因此，反映群众疾苦和揭露社会黑暗的文字日益增多，逐渐成为"主持正义的舆论机关"。

邹韬奋在政治上从来是言行一致、严肃不苟的，在言论中从不隐瞒自己的政治观点，完全采取了光明磊落的进步立场。他主编《生活》周刊后，就利用一切机会来暴露社会的黑暗面，不管你是达官贵人，或者是"名流"、"学者"，他全都"不知敷衍，不知迁就"，永远不留情面，真正做到他自己所说的"与其敷衍，不如不办；如其要办，决不敷衍"。1930年11月，国民党安徽省政府主席陈调元拿剥削来的民脂民膏为他母亲做寿，一共花了十多万元，真是奢侈到了极点。邹韬奋听到这个丑闻以后，就在《生活》周刊揭露，并在题为《民穷财尽中的阔人做寿》的文章中怒斥了这种"丧心病狂的举动"。在此前后，邹韬奋还先后撰写了《平民住宅与阔人洋房》《人力车夫所受的剥削》、《励志社的祝捷盛宴》等，对于国民党高级官吏奢侈糜烂的生活，毫不留情地进行了揭露；对于穷苦百姓在死亡线上挣扎的遭遇，则表示了深切的同情。他在《平民住宅与阔人洋房》一文中指出："我们试想，拿10万元一所的阔人洋房，化为200元一间的平民住宅，岂不是一个住宅便可化为500所住宅？但在事实上却由一个'公仆'或是'劣仆'占去了500个十足不扣的'主人'的住宅！我们要望中国的兴盛繁荣，不得不希望前者的数量日益减少，后者的数量日益加多。"

通过这几篇文章，我们可以清楚地看到邹韬奋爱的是什么人，恨的是什么人，支持的是什么人，反对的是什么人，立场和感情是非常鲜明的。这样的刊物当然会受到广大群众的欢迎，尤其是青年学生的青睐。

2. 刊物的"报格"和编者的"主权"

邹韬奋很重视刊物的"报格"和编者的"主权"，主张要有"大公无私的独立精神"，认为"没有气骨的人不配主持有价值的刊物"。面对黑暗势力的威胁、利诱、收买，他都是斩钉截铁地回答："编辑可不干，此志不肯屈。"充分体现了他除了为人民服务别无他求的办刊精神与崇高人格。在反动势力的各种谣传猛烈进攻面前，他都坚持原则，毫不手软，多次撰文怒斥他们散布的流言蜚语，坚定地表示，只要"一息尚存，还是要干"。

1931 年 7 月，国民党中执委、国民政府委员、交通部长兼大夏大学校长王伯群在其妹妹王文湘（何应钦之妻）的张罗下，在上海以 10 万元强娶所谓"才貌双全"的大夏大学毕业生保志宁续弦，还在上海愚园路 310 号（现长宁区少年宫，愚园路 1136 弄 31 号）建造了价值 50 万元的"新屋"，"婚礼之奢华盛于蒋宋，闻为 10 万元"。消息传出，舆论大哗。一位读者还特意写信给《生活》周刊，要求调查并揭露王伯群的丑行。

邹韬奋看了这封读者来信，非常气愤，决定立即给予发表。王伯群看到后又气又急，马上给《生活》周刊写了一封信，进行狡辩。邹韬奋一面将王伯群的来信也刊登在"信箱"专栏里，一面派记者调查王伯群的种种不法行为。

王伯群听说《生活》周刊在作仔细的调查，准备把他的丑行彻底曝光，慌了手脚，赶紧派人去和邹韬奋"谈判"，并携带 10 万元巨款，妄图用金钱堵住《生活》之口，遭到邹韬奋的严词拒绝。第二天，邹韬奋接到了几封匿名信，"警告"他要"小心"。但他毫不畏惧，仍然在《生活》周刊刊登了措辞极其激烈的读者来信，在《编者附言》中披露了《生活》周刊记者关于王伯群贪污腐化问题的调查结果。

邹韬奋这种威武不能屈、富贵不能淫的精神，是使《生活》周刊始终保持独立"报格"的重要支柱。

　　由于邹韬奋主编后的《生活》周刊坚持反帝反封建的民主主义立场，敢于批评时政，攻击黑暗势力，维护民众利益，因而深得读者青睐，发行量从原来的2800份迅速上升，到1931年就突破了10万份。《生活》周刊社也告别了过街楼，于1930年7月1日迁到了华龙路（现雁荡路）80号。

△ 现长宁区少年宫，愚园路1136弄31号。

3. 积极参与中国民权保障同盟的工作

30 年代初期，在日本帝国主义大举入侵，中日民族矛盾日益上升的情况下，国民党蒋介石仍然顽固坚持"攘外必先安内"的反动政策，一方面抽调大量精锐部队进攻革命根据地，"围剿"红军；另一方面，在国统区制造白色恐怖，非法逮捕监禁和屠杀共产党人和爱国青年，肆意蹂躏人权。面对这种黑暗统治，宋庆龄于 1932 年夏秋间，开始筹建中国民权保障同盟，以揭发这种违法现象和无人道行为，营救一切受害的人们。邹韬奋应邀加入了中国民权保障同盟，担任了同盟临时全国执行委员会的委员，并积极参与了同盟的各项活动。

1933 年 1 月 7 日，邹韬奋在《生活》周刊上发表了《民权保障同盟》一文，阐明了中国民权保障同盟的宗旨："（一）为国内政治犯之释放，与非法的拘禁酷刑及杀戮之废除而奋斗，并愿首先致力于大多数无名与不为社会注意之狱因；（二）予国内政治犯以法律及其他之援助，并调查监狱状况，刊布关于国内压迫民权之事实以唤起国内之公意；（三）协助为结社集会自由，言论自由，出版自由，诸民权努力之一切奋斗。"他特别强调"民权之获得保障，绝不是出于统治者的恩赐，乃全由民众努力奋斗争取得来的"。

中国民权保障同盟在宋庆龄的领导下，做了大量细致、切实有效的工作，特别是营救了一些被国民党非法逮捕的共产党员、反蒋爱国民主人士，发挥了一个公开的、合法的群众团体在白色恐怖下所能发挥的最大作用。由于"同盟"敢于揭露国民党的残暴，矛头直指蒋介石及国民党的统治核心，坚持不懈地同他们的黑暗统治作斗争，因此从它成立的那天起，就被蒋介石视为眼中钉，必须除之而后快。他派遣大批特务监视宋庆龄、邹韬奋等"同盟"成员的行动，破坏"同盟"的活动，并于1932年6月18日暗杀了"同盟"总干事杨杏佛。

6月20日，杨杏佛遗体在万国殡仪馆入殓。当时国民党特务曾扬言，要在这一天暗杀其他"同盟"成员。但这并没有吓倒革命者。宋庆龄、邹韬奋和鲁迅等人尽管都被列入黑名单，但仍冒着很大危险，前往特务严密监视的殡仪馆吊唁。邹韬奋认为，杨杏佛"为保障民权努力，为保障民权运动而牺牲了他自己的生命，就这一点说，他的死是值得永远纪念的"。

→ 竭尽心力　共赴国难

★★★★★

（36—38岁）

1.宁死不屈，捍卫国权

1931年，日本帝国主义发动了侵略中国东北的九·一八事变。在民族危机日益严重、蒋介石政府采取不抵抗政策的形势下，邹韬奋不畏强暴，以笔代剑，怒斥敌寇，反对投降，勇敢战斗在民族解放第一线。

九·一八事变发生后，邹韬奋马上就在9月26日出版的《生活》周刊上作了报道。他写道："本周要闻，是全国一致伤心悲痛的国难，记者忍痛执笔记述，盖不自知是血是泪！"同时，他以极其激动的民族义愤，倾尽全力，把《生活》周刊作为呼吁抗日救国、民族解放的爱国主义宣传阵地。与此同时，邹韬奋还在《生活》周刊刊登了九·一八后来自沈阳、长春等地的系列报道，揭露了日本帝国主义在东北烧杀抢掠的滔天罪行。他在《伤心惨目》一文标题后加了一个醒目的副标题："刻骨铭心！没齿不忘！"并在文末再次呼吁："全国同胞！永远勿忘东北同胞的哭声惨呼！"

针对国民党政府的"不抵抗"政策，邹韬奋接连发表了《宁死不屈的保护国权》、《宁死不屈的抗日运动》、《宁死不屈的准备应战》、《决死之心和怯懦自杀之区别》、《战与不战的问题》、《应有牺牲的决心和奋斗的计划》等一篇篇战斗檄文，怒斥"这种'不抵抗主义'就是'极端无耻主义'"。

正当日军在中国东北长驱直入的时候，驻守在黑龙江的东北边防军在马占山率领下，同日本侵略军打起来了。这一震动人心的消息，使全国上下立刻沸腾起来。邹韬奋在《生活》周刊上介绍了马占山的生平，刊登了马占山的照片，又连续发表了《为民族争光的马将军》《敬告义勇军诸君》等"小言论"，对于马占山的抗日义举，给予热情支持。与此同时，《生活》周刊还发起组织了大规模的募捐活动，支援黑龙江东北军马占山部队奋勇抗日的正义斗争。这一爱国义举，顿时轰动全国。广大人民群众纷纷响应。除了邮汇捐款络绎不绝外，许多热心读者还亲自前来交捐款,《生活》周刊的门口也被挤得水泄不通。"其中往往有卖菜的小贩和挑担的村夫,在柜台上伸手交着几只角子或几块大洋,使人看着发生深深的感动,永不能忘的深深的感动!"

《生活》周刊社的全体同人都参与了这项工作,记录的记录,收款的收款,算账的算账,忙得不可开交。为了急于把账目算清,以便尽早把捐款汇交前线的战士,他们往往要工作到深夜。

截至1932年1月4日,捐款总数已达120020元。经手这次捐款的《生活》周刊社,不但有细账,有收据,不但将捐款者的姓名公布(其先在《生活》周刊上公布,后来因为人数太多,特地印了《征信录》公布分寄各个捐户),收据也制版公布;账目由潘序伦会计师查核无误后,给予证明书公布。

2.全力支持淞沪抗战

1932年1月28日,日本帝国主义发动了对上海的入侵。驻扎在上海的国民党第十九路军将士,在全国人民抗日热潮的推动下,激于民族义愤,不理睬蒋介石限制他们抵抗的命令,奋起抗击入侵之敌。上海人民在中国共产党领导下,掀起了罢工、捐献等支前运动,并纷纷组织义勇军,协助军队作战,给前线将士以极大鼓舞和支持。在这硝烟弥漫而又激动人心的日子里,邹韬奋始终与上海军民同呼吸、共命运,忘我地支持十九路军抗战，奉献了全部心力。

当时上海处于一片混乱之中，邹韬奋主编的《生活》周刊的印刷与发行遇到很大困难。但是他没有忘记自己的职责，没有忘记读者，克服重重困难把刊物送到广大读者手里，使他们及时了解有关战争的重要消息，竭力"唤起民众注意，共赴国难"。1月29日，《生活》周刊一天出了两次"紧急号外"。为了使那些因交通阻滞而不能及时看到上海报刊的外地及海外读者也能了解"十九路军血战抗日之忠勇悲壮行为"，邹韬奋还撰写了长篇通讯《上海血战抗日记》，配上详细的战区地图和血战抗敌的照片，在《生活》周刊上连载，并出版了单行本。

随着淞沪抗战的激烈进行，大量的十九路军伤兵从前线退了下来，医院供不应求。邹韬奋立即决定开办一所伤兵医院，救护这些为国受伤的英勇战士。他聘请著名外科专家王以敬任院长，主持此事。圣约翰大学的附属中学——青年中学（现上海中等职业教育中心）校长瞿同庆慷慨腾出该校的两幢洋房，作为院址。当"生活伤兵医院"招聘救护十九路军伤病员的医护人员的启事在报上刊登后，许多有志青年都前往报考。在热心的读者捐助6000元的条件下，"生活伤兵医院"于3月4日正式开张。全院有近两百个床位。

医护人员每天为伤病员清创换药、包扎伤口,并为他们读报、代写家信。

《生活》周刊开设医院,收容伤兵,养护治疗,极大地激励和鼓舞了在前线奋战的十九路军将士。蔡廷锴将军特致电祝贺。生活伤兵医院开张那天,邹韬奋亲自前往视察,并到病房慰问各位受伤将士,把带来的100本最近出版的《生活》周刊,分赠给轻伤员浏览。他还和两位受伤的军官卢振吉、邓锐作了亲切交谈。他说:"此皆为我民族力争生存而牺牲的同胞,见其痛状,听其哀声,使人感激崇敬悲怆的情绪,萦怀不能自已。"

3.宁为玉碎,不为瓦全

由于邹韬奋坚持抗日救国,反对妥协投降,坚持人民民主,反对专制独裁,《生活》周刊销路大增,至1932年底,发行数达到了15.5万份。不仅在交通比较便利的城市可以随处见到,即使在内地乡村僻壤及远在异域的华侨所在地,也随处可以见到。最可贵的是,不但有许多读者自动介绍订户,而且订户还有传代的,父亲归天,儿子还要接下去。正如胡愈之晚年所说的,"《生活》周刊在宣传反蒋抗日中起了特殊作用。它有广大的读者,就在它的宣传鼓动下,群众性的抗日救国运动逐渐发展起来了。《生活》周刊在抗日救亡运动中是有重要作用的"。但也因此引起了黑暗势力的嫉恨和迫害。1932年1月,蒋介石的心腹胡宗南以高级军官身份奉命把邹韬奋找去,要《生活》周刊改变立场,拥护国民党政府。邹韬奋明确表示,"我们只拥护抗日'政府'。不论从哪一天起,只要'政府'公开抗日,我们便一定拥护。在'政府'没有公开抗日之前,我们便没有办法拥护"。

国民党当局还多次施压力于黄炎培等职教社的领导，要求他们出面干涉。而这时的黄炎培也在民族危机日益严重的形势下，满怀爱国热情，积极投入了轰轰烈烈的抗日救亡运动。《生活》周刊的转变正是他所希望和赞同的。因此，面对当局的压力，黄炎培总是以请直接找主编交涉为借口而婉言拒绝。与此同时，黄炎培还给予邹韬奋更大的经济自主权，以促使《生活》周刊更快地发展。

国民党当局企图通过黄炎培等职教社领导来迫使《生活》周刊改变立场的阴谋未能得逞，就以"言论反动，毁谤党国"为罪名，公然于1932年7月下令禁止邮寄。邹韬奋并没有因此消极动摇，而是想方设法克服困难，在热心读者的多方面帮助下，绕过军警特务的监视，利用铁路、轮船、民航等交通渠道，把《生活》周刊大捆大包运往各地，销量没有因为禁邮而大量降低，每期仍达15万份左右。

由于《生活》周刊坚定地站在人民一边，敢于同反动当局唱对台戏，因此终于在1933年12月8日被国民党政府查封。当时正在英国考察的邹韬奋听到这一消息时，非常激动地说："我深信《生活》周刊的精神是永远存在的，因为它所反映的大众的意志和努力不是一下子可以消灭的。"

➡ 生活书店　文化堡垒

1. 创办生活书店，实行科学管理

随着《生活》周刊影响的逐渐扩大，胡愈之向邹韬奋建议创办生活书店，这样既可以出刊物，还可以出书；而且《生活》周刊已引起国民党政府的注意，随时有被封禁的可能，有了书店，刊物即使被封，阵地仍然存在，可以换个名字继续出版刊物。于是，邹韬奋在胡愈之的协助下，起草了生活书店的章程，做了许多具体的筹划工作。1932 年 7 月，生活书店在当时代表全国出版中心的上海正式成立。生活书店成立后，到抗日战争全面爆发前夕，五年中出版了期刊十种、图书近四百种，在国民党实行反革命文化"围剿"的情况下，为进步文化工作者开辟了战斗的阵地，对形形色色反动思想进行了针锋相对的批判，广泛教育了群众，推动了抗日救亡运动的发展。

生活书店的宗旨和《生活》周刊是一脉相承的，

就是非为私人谋利，而是致力于发展进步的文化出版事业，置身于国家民族的大局之中，为民族解放、民主政治和向读者提供精神食粮作贡献。用邹韬奋当时的话来说，就是"努力为社会服务，竭诚谋读者便利"。

生活书店对内为生活出版合作社，不是任何个人借以牟利的私产，而是全体职工以劳动所得共同投资的文化事业机关，每一个工作人员都是书店的主人。由胡愈之起草的合作社章程中有三项原则规定：即经营集体化，管理民主化，盈利归全体。

与此相适应的是，生活书店采取民主集中制，实行科学管理。每位职工切实行使当家做主的民主权利，履行作为主人翁的责任和义务。在内部组织上，书店设理事会、人事委员会、监察委员会三个领导机构，其成员都是由全体职工民主选举产生的。邹韬奋自己也和大家一样，每天上班签到，每月领取工资。他在工作中有一条准则，办事要讲究时效，一天七小时工作，上班时间不准办自己的私事。在他的领导和影响下，大家都自觉地养成了按时完成任务的良好习惯。由于邹韬奋在领导和管理上充分发扬了民主精神，使每一个职工都把店务当做自己的事情，大大调动了他们的工作热情，提高了他们的责任心与积极性，从而推动了生活书店的整个事业不断前进。

2. 坚持人才主义的用人政策

在培养和使用干部的问题上，邹韬奋也贯彻同样的原则。他所坚持的人才主义的用人政策，成为生活书店的一种传统。他"始终坚决地不介绍自己的亲戚，也可以说不用私人的任何关系，而作为用人的标准"。他一直信守自己的规定并坚持严格的招考制度。他提出的录用标准是要有实在的本事和一定的政治认识。对其要求说高也不高，以具有中等学校毕业的青年为对象。多半是家庭贫困升不起学的，或在职青年不满现状要求进步的。但考试办法是相当严格的。例如1935年10月，邹韬奋主持的一次考试的程序是：先从几百名按招生简章规定前来报名者中挑出二十八人参加笔试，试题有三个部分：一是作一篇题为"文化与社会的关系"的论文；二是时事知识测验题；三是把几句短文译成英语。笔试完毕，再行口试，主要考查其口齿是否清楚，反应是否灵敏，以及精神状态如何。邹韬奋亲自参加评判，择优录取，"碍难有例外之通融"。即使进店后，还有六个月试用期，合格后，才能转为正式职工。

这种做法，为有志于从事新闻出版事业的青年提供了机会，同时也杜绝了任用私人的社会恶习。

邹韬奋对每一个员工的基本要求就是忠诚地为读者服务，做事"总是要认真，要负责"，绝对不能马虎。为此，生活书店尽可能地制订办事章程，作为服务规范。每位职工在自己的工作岗位上，有章可循；新加入的职工在老职工的带领下，也能很快地掌握工作。除了工作上严格要求并充分发挥各人的特长外，生活书店特别注意职工的学习和提高，强调卖书不可不知书，读者一问三不知做不好工作。职工们受这个集体环境的感染和邹韬奋大公无私的事业精神的熏陶，自觉地严格要求自己，努力学习，认真工作，思想水平和业务技能都很快地得到进步和提高。

同时，邹韬奋非常关心职工的生活，给大家加薪，增加医药费用，并经常进行健康普查，还在环龙路环龙别业（现南昌路212弄）租了一幢宽敞的楼房作为职工的宿舍，不断提高职工的生活水平。与此同时，邹韬奋还尽力改善职工的工作条件，把工作时间改为七小时，并按照每个人的身材高矮、视力强弱的不同，把办公室里椅子的脚加以"改造"，锯掉长短不等的一截，使大家在伏案工作时不致因弯腰贴桌而形成近视。他对职工的关怀，真是到了无微不至的地步。许多曾在生活书店工作过的人，经常以感激的心情，怀念邹韬奋对职工的关切、爱护和帮助。

邹韬奋还很珍视同人之间的情谊。当他听说刚进店不久的新职工周保昌为父亲的丧事借了人家的钱，一时还不起，马上让会计科替他还了债。对于为工作而牺牲的优秀职工，邹韬奋总是念念不忘，亲自撰文，以示纪念。1936年11月，生活书店的年轻编辑王永德因患伤寒不幸去世。邹韬奋亲自送他入棺，失声痛哭，并撰写了《悼王永德先生》一文发表在"生活星期刊"上。邹韬奋的言传身教，提高了同仁之间的情愫，加强了团结友爱。

3. 与作家携手合作，对读者竭尽心力

邹韬奋在经营生活书店的时候，特别注意同作家的携手合作，搞好同作者的关系，并始终坚持"对于读者竭尽心力的服务精神"。出版工作是一项社会系统工程，出版者和作者的关系是唇齿相依的。在当时，有固定工资收入的作者为数甚少，大多数是靠稿费来维持生活的。生活书店总是及时结付稿酬或预支稿费，有助于作家安排生活，其意义超越了稿酬本身。

生活书店与作者的关系是非同寻常的。他们都是为了一个共同的革命目标走到一起，团结起来，形成合力，拿起笔杆当刀枪，用各种公开的和隐蔽的方式，同反动势力作斗争，在新闻出版领域中，建立了不可摧毁的革命文化堡垒。

作者支持和帮助生活书店，可归纳为以下几种方式：一是直接加盟书店做编辑工作或参与领导，主要有张仲实、金仲华、钱俊瑞、钱亦石、杜重远、毕云程、艾寒松、王纪元、林默涵等人；二是在店外替书店编辑刊物和图书的，主要有胡愈之、茅盾、郑振铎、傅东华、陈望道、黄源、沙千里等人；三是经常为书店的出版物撰稿并保持联系的，主要有鲁迅、夏衍、章乃器、夏征农、李公仆、沈志远、戈公振、艾思奇、柳湜、胡绳、薛暮桥，还有巴金、郁达夫、叶圣陶、老舍、张天翼、王任叔、黎烈文等，其中许多作家后来也加入生活书店负责编辑工作。

生活书店成立后，胡愈之尽管没有担任正式职务，但他为书店的规划工作和经营管理出谋划策，作出了巨大的贡献。邹韬奋出国以后，胡愈之接过了他留下的担子，为生活书店的发展，竭尽全力地工作。《生活》周刊的编辑业务，主要由他负责；原先每期由邹韬奋撰写的"小言论"，也都由他执笔撰写。《生活》周刊被查禁后，生活书店还照常营业。胡愈之考虑到宣传抗日救亡的刊物仍是当时爱国群众的迫切需要，就和邹韬奋的好友杜重远商量，请他出面创办了《新生》周刊，刊物的内容和形式一如既往，许多《生活》周刊的老订户纷纷订阅，从而仍然保持了《生活》周刊时期的发行量。1935 年 5 月 4 日，《新生》周刊第二卷第五期刊登了艾寒松写的《闲话皇帝》，提到了日本天皇，从而引起了一场轩然大波。日本政府以此为借口，迫使国民党政府取缔抗日宣传，禁止《新生》周刊的出版，并把杜重远判刑送进监狱。这就是著名的"新生事件"。

在邹韬奋出国期间，生活书店有了飞速的发展。除了主持《生活》周刊、《新生》周刊、《世界知识》外，胡愈之还以极大的热情联系了各方面的作家，为生活书店筹划出版了《文学》《译文》《太白》等文艺刊物；介绍《妇女生活》杂志转到生活书店出版。这些刊物在当时国民党反动派加紧文化围剿的情况下，成为进步文化工作者进行战斗的重要阵地，推动了抗日救亡运动的发展。

→ 游历欧美　思想升华

（39—40 岁）

1. 考察西欧各国

1933 年 7 月 14 日，邹韬奋登上意大利邮船"佛尔第"号，离沪赴欧美考察。他到达欧洲的第一个国家是意大利，先后游览了布林的西、威尼斯、佛罗伦萨、罗马、那不勒斯、比萨、热那亚、米兰等城市，充分领略了这个具有悠久历史文化的国家的大好风光。威尼斯的圣马可广场和附近宏丽的建筑物、佛罗伦萨的大教堂和古气磅礴的城堡、罗马残垣断壁的斗兽场和雄伟的圣彼得教堂、那不勒斯附近两千年前曾被火山淹没的庞贝古城和淹没这古城的维苏威火山以及著名科学家伽利略研究"引力定律"的比萨斜塔，都使邹韬奋流连忘返。在观赏这些雄伟建筑的时候，邹韬奋首先想到的是："这种封建时代的遗物，不知含着多少农奴的血汗！"

在法国一个多月的时间里，邹韬奋最为关注的

就是巴黎的报界。巴黎的报纸有 1600 种之多，其中 60
种是含有政治意味的。重要的报纸都是资产阶级的喉舌，
全在资产集团——法国特有势力的资本家所组织的"铁
业委员会"的掌握之中。除了左派如社会党、共产党的
机关报对中国不说坏话外，其余报纸对中国的态度都不
好。遇着中国出了什么坏事，便夸大其词；偶遇中国有
了好事，便噤若寒蝉。尤其是九·一八之后，有的报纸
受了日本的收买，公开地骂中国而袒护日本。

在英国，邹韬奋最为关心的仍然是新闻事业。他到
达伦敦以后，"每日除了观察、谈话，或听讲外，便以阅
读八九种报纸为常课，自觉得益不少，兴趣也非常地浓厚"。
他首先注意到的是"各报有各报的特点，极少雷同"，"不

△ 胡愈之（右三）、徐伯昕（左一）、沈粹缜（右一）到码头为邹韬奋送行

但在言论上因各报的立场不同而内容互异，即在消息上也因为各报的注意点不同而取材也迥然各异"。邹韬奋还参观了《泰晤士报》、《曼彻斯特导报》等几家规模特大的报馆，对于它们设备的科学化也很注意。

德国的新闻业也很发达。据德国新闻学研究院的调查，1932年时全德国的日报有4703家之多。当时德国的报纸都成了纳粹政府宣传部的附属机关。邹韬奋在参观德国新闻学研究院时，和该院院长兼教授徒费法特博士就新闻学上的几个问题进行了讨论，其中有一个是言论自由问题。徒费法特博士认为在原则上他是赞成言论自由的，不过在革命过程时期，此自由不得不有限制，等到革命成功之后，再可开放。邹韬奋则特别强调："这就要所谓'革命'是否真正革命，倘若自己在口头上叫着'革命'，在实际上是反革命，反而要压迫真正革命的言论——真正为大众谋利益的言论——那便是自掘坟墓的行为了。"

2. 社会主义建设中的苏联

7月14日，邹韬奋再次从伦敦乘苏联"西比尔"轮渡北航赴列宁格勒，开始考察这个"正在积极进行社会主义建设的"、"时时在进步的路上向前奔跑着"的"新国家"——苏联。

7月20日上午8时，邹韬奋来到了莫斯科——"劳动者城的莫斯科，在政治、经济、文化各方面努力于社会主义建设的中心'实验室'的莫斯科"，住进了莫斯科的"苏维埃第三屋"——暑期大学。这个暑期大学的课程有艺术及文学、社会学、政治经济学、教育学、俄文等。教授都是俄国人，但都用英语讲课。一般上午上课，下午参观。因时间和经济的关系，邹韬奋只选听了社会学一门课。晚上，有时是公开的演讲会，有时是讨论会，有时是跳舞会，有时三五成群到校外各处去做"巡阅使"，或到充满人群的公园里凑热闹。暑期大学结束后，邹韬奋还到苏联南方参观各工业中心、集体农庄以及克里米亚名胜等地。在近两个月的时间里，邹韬奋对苏联的政治、经济、文化、社会各方面进行了全面的考察，对苏联在物质文明建设和精神文明建设方面所取得的巨大成就，留下了深刻的印象。

在苏联期间，邹韬奋怀着及其敬仰的心情，到列宁格勒的斯莫尔尼宫，参观了列宁当年的办公室兼卧室，并到莫斯科红场列宁墓瞻仰了这位伟大的革命领袖。他认为："列宁一生的政治活动，始终不是立于'个人的领袖'地位，却总是代表着比任何个人都更伟大的一个以勤劳大众为中坚的大'运动'；这运动在他未产生以前就存在，在他死后还继续着下去的。"在苏联的建设取得了巨大成就的时候，邹韬奋想到的不仅仅是列宁的成功，而是他"在失败时期对于艰苦困难的战斗和克服"和"百折不回屡败不屈的精神"。邹韬奋认为，列宁之"所以不受失败沮丧的最大原因"，就是"他对于主义的彻底的了解和信仰；他拿住了这个舵，无论遇着什么惊风骇浪，别人也许要吓得惊慌失措，在他却只望清彼岸，更加努力向前迈进。他在无论如何困难、艰苦和失败的时候，他的信仰从来没有丝毫动摇过"。

3.美国社会的全接触

5月11日，邹韬奋乘"德轮欧罗巴"号离伦敦赴美。在长达三个月的时间里，邹韬奋从东部到西部，从北方到南方，从城市到乡村，对美国的政治、经济、社会、文化各方面，如政治背景、劳工运动、农民运动、青年运动、杂志和新闻事业等等，都作了全面的深入考察和研究。他"尤其注意的是旧的势力和新的运动的消长，由此更可明了资本主义发达到最高度的国家的真相和它的未来的出路"。

在纽约期间，邹韬奋特为抽出时间，游览了"美国资本主义的大本营所在地"——华尔街。在这里，拥挤着美国最有势力的大银行，大托拉斯的总机关，各大工业的大公司的总机关。由于工业和金融打成一片，重要的企业家都变成了金融资本家，从而"使掌握几家关系密切的大银行和大公司大权的少数人掌握着全美国的经济生活"。"他们凭借着经济的无上威权，控制着共和和民主两个政党的机构，指挥着全国的政治策略"。所以，邹韬奋认为，那些"号称'公仆'的德谟克拉西的大总统，以及无数的大小官吏，都不过是这些'大亨'们后面牵着线的舞台上的傀儡罢了！"

邹韬奋还到纽约东部的贫民窟和"比这些白人的贫民区域还要苦的纽约黑人区"以及华侨居住的"唐人街"进行全面的调查，了解了普通群众的生活状况和"劳工运动的大势"，着重调查了劳动妇女和青年的情况，还访问了几个工人家庭。他深有感触地说："富豪的高耸云霄的宏丽大厦，和贫民窟的破烂房屋相对照，可作为资本主义社会的代表型的写真。"当然，邹韬奋也看到了美国的大众已经渐渐地醒悟了。他认为："华尔街的命运无疑地是要随着美国的继长增高的革命运动而日趋绝路。""它的黄金时代是已经过去的了，它的前途只是一团漆黑！"

4.愈加成熟的马克思主义世界观

△ 邹韬奋在伦敦时留影

　　在欧美近两年的生活中，邹韬奋觉得伦敦的博物院图书馆是"最值得留恋的一个地方"。旅欧期间，邹韬奋就把这里作为自己的"家"。除了前往各国考察、游览外，他几乎所有的时间都是在这里刻苦攻读马列主义的原著，"遇着自己认为可供参考的地方，几句或几段，随手把它写下来，渐渐地不自觉地积下了不少"。邹韬奋很欣赏孟子的名言："读其书尚友其人。"通过对马列主义理论全面、系统的学习和研究，他对无产阶级的革命导师产生了强烈的感情。他说："革命的思想家的奋斗生活，常常能给我们以很深刻的'灵感'。我每想到卡尔和伊里奇的艰苦卓绝的精神，无时不'心向往之'。"他最喜欢诵读马克思的一首诗：

我永远不能冷静地做

那些以伟大力量抓住我心灵的事情；

在不断的不歇的奋斗里，

我必须向前努力和斗争。

他认为，这首诗"充满着迈进奋斗的英勇精神"，"这实在是卡尔一生的实践生活的象征"。

通过在欧美的考察、学习和研究，邹韬奋对于一些马克思主义的基本观点和中国革命的基本问题都有了新的更加深刻的认识，他的马克思主义世界观更为成熟，从而为他以后成为一个伟大的共产主义战士奠定了扎实的基础。

➡ 竭诚呼吁 统战救国

★★★★★

（40-41 岁）

1.《大众生活》的创办

1935 年，日本帝国主义的侵略魔爪又伸向了华北。在中华民族处于生死存亡的紧急关头，中国共产党发出了"停止内战，一致抗日"的号召，制定了建立抗日民族统一战线的方针，从而推动了全国抗日救亡运动的发展。8月27日，在国外度过了两年多流亡生活的邹韬奋，回到了祖国。他积极响应共产党的号召，在上海创办了《大众生活》周刊，全身心地投入到抗日救亡运动当中。11月16日，《大众生活》周刊在上海创刊，首先举起了鲜明的抗日救国旗帜。邹韬奋在发刊词中明确指出："力求民族解放的实现，封建残余的铲除，个人主义的克服，这三大目标——在汪洋大海怒涛骇浪中的我们的灯塔——是当前全国大众所要努力的重大使命；我们愿竭诚尽力，排除万难，从文化方面推动这个大运动的前进！"

《大众生活》继承了《生活》周刊的优良传统，全心全意为读者服务。它所重视的三大目标正是广大人民群众所追求的。它的"星期评坛"就是原来的"小言论"，不过比以前更贴近形势和现实，更富有研究，从而也更引起了读者的注意。它的"图画的世界"栏目，是精绘的世界地图，以漫画的形式，反映世界的动态，给读者以一种新鲜的感觉，确实是中国出版界的一个创举。

由于邹韬奋一直坚持自己的办刊宗旨，紧贴时代的脉搏，《大众生活》的内容始终和时代的主流息息相关，为每一个爱国青年所爱护，从而一创刊就受到读者热烈欢迎，销量达到15万份，后来又增加到20万份，再次开创了中国杂志发行的新纪录。邹韬奋的文章，在当时的国统区，如同黑暗中的明灯，照亮了人民大众抗日救亡的道路。正如周恩来所说："我们党的抗日救国和抗日民族统一战线政策，主要是通过邹韬奋主编的刊物传播到国民党统治区广大知识分子中去的。邹韬奋在国统区知识分子中的威望最高。我们党专门在国统区做知识分子工作的领导人，都比不上他。"

2.全力支持一二·九运动

1935 年，日本帝国主义在完全控制了东北及热河后，加紧在华北制造事端。它们采取逐步"蚕食"的方式，以"自治"为旗号，首先迫使国民党中央军撤出平津和河北，然后策动华北五省"自治"运动，将华北

△ 《大众生活》第六期封面

从中国分离出去，变成第二个东北。在日本帝国主义的步步紧逼下，国民党南京政府再次屈服，先后与日本政府签订了丧权辱国的《何梅协定》《秦土协定》。12月7日，国民党政府决定在北平设立冀察政务委员会，以满足日本关于华北政权"特殊化"的要求。平津上空乌云密布，整个华北危在旦夕。华北人民，尤其是广大青年学生，痛感"国家将亡"，悲愤地喊出了"华北之大，已安放不下一张平静的书桌了！"的呼声。

在中国共产党的领导下，12月9日，北平学生举行了声势浩大的示威游行，反对"华北自治"和冀察政务委员会的成立，要求"停止内战，一致抗日"，从而得到了全国各界人士的广泛响应和声援。《大众生活》迅速予以热烈支持和大力宣传，从12月21日出版的第六期起连续几期都刊登了声援学生运动的文章。在第六期的封面上，还刊登了北平的一个女大学生陆璀，手拿喇叭筒大声疾呼"大众起来！"的大幅照片。12月28日出版的第七期《大众生活》，更是几乎成了学生救亡运动专号，从封面到封底，大部分都是关于北平和各地学生游行示威的照片、报道和评论。《北平学生二次示威记》和《中国人民起来救中国》就真实地记录了12月16日北平学生发动的更大规模的示威游行，以及他们同反动军警英勇搏斗的动人场面；《上海八千余学生救亡运动速写》则介绍了上海学生在这革命的大潮中，坚决站在北平学生一边，加入了这个轰轰烈烈的抗日救亡运动的行列之中。在"大众信箱"栏目里，还刊登了四篇读者来信，都是介绍他们亲自参加抗日救亡运动的情况和自己的感触，读来特别亲切动人。第八期、第九期以及以后的多期《大众生活》，都继续为伟大的一二·九运动呐喊，无论是评论、报道还是图片，都是旗帜鲜明地站在各地的学生一边，怒斥反动当局和军警对爱国学生的阻挠和迫害。每期《大众生活》一出版，都是首先寄给北平学生联合会几千份，由他们到各校去出售。除了部分印刷成本费外，大部分都给学联留做经费。北平爱国学生都把邹韬奋看成是自己最知心的老师和朋友，把《大众生活》看成是能真正反映学生心声、代表学生说话的喉舌。在这场伟大的抗日救亡运动中，《大众生活》应该说是尽到了它的历史责任。

3. 绝不投降于任何和大众势不两立的反动势力

这时，反动势力再次向邹韬奋发动攻击，诬陷他侵吞抗日捐款。邹韬奋聘请律师在报上发表声明，公布当年会计师所出的证明书，用事实粉碎了敌人的无耻谣言。

接着，南京政府又派出两个国民党要员——刘健群和张道藩找邹韬奋谈话。

张道藩刚刚担任国民党中央宣传部长。他很会说话，一个人就说了三个小时。邹韬奋是静心倾听，却始终不得要领。

刘健群当时是复兴社的总书记，据说中国法西斯的组织章程，就是他根据意大利蓝衣党的模型起草的。那天，他剃着光头，两个眼睛睁得圆圆的，说的话也不少。关于抗战问题，他发表了一大篇所谓的"领袖脑壳论"。在中华民族的危机日益严重的形势下，是否应该立即停止内战，团结全国一致御侮呢? 也就是说，中国应否抗战? 如果那时还不应抗战，那么到什么时候才应抗战呢?

这些问题，在刘健群看来很简单，"全凭领袖的脑壳去决定"。邹韬奋当时微笑着倾听着，觉得真是闻所未闻，听到了千古奇谈！他当场坚定地表示："救亡运动是全国爱国民众的共同要求，绝对不是一二人或少数人的'脑壳'所能创造或捏造出来的，所以即令消灭一二'脑壳'，整个救亡运动还是要继续下去，非至完全胜利不会停止。我不参加救亡运动则已，既参加救亡运动，必尽力站在最前线，个人生死早置度外！"

随后，邹韬奋在《大众生活》上发表了《领导权》等文章，严厉驳斥了刘健群散布的所谓"领袖观"，并再次表示了自己的严正立场："我深信只有大众有伟大的力量，只有始终忠实于大众的工作才有真正的远大效果。我个人无论如何，必始终坚决保持这个信仰，绝不投降于任何和大众势不两立的反动势力。"

《大众生活》因此又遭反动政府的迫害，禁止邮寄，不准出售，并终于在1936年2月29日以"鼓动学潮，毁谤政府"的罪名，被当局勒令停刊。在短短三个多月的时间里，《大众生活》搬了两次家。创刊时在福州路复兴坊（即384弄），1936年1月迁至爱多亚路（现延安东路）中汇大厦414号，同年2月22日，又迁至四川中路企业大楼。

与此同时，蒋介石又通过杜月笙假惺惺地约邹韬奋去南京"当面一谈"，并派戴笠到上海来迎接。邹韬奋软硬不吃，在金神甫路安和新村（现瑞金二路198弄）8号杜重远家避了一个多月后，再度被迫离开上海，去了香港。

→ 《生活日报》 人民喉舌

★ ★ ★ ★ ★

（41 岁）

1.《生活日报》在港出版

到达香港以后，邹韬奋继续从事革命文化工作，创办了《生活日报》，并在沪港之间为抗日救亡运动奔波。

想创办一种适合人民大众需要的日报，是邹韬奋脑际"梦回已久"的心愿。早在 1932 年初，上海的抗日救亡运动正在高涨的时候，他就感到周刊的出版时间间隔太长，不能适应形势急剧发展的需要，很想办一份日报，并公开招募股份，得到了广大读者的热情支持，踊跃认股。但是，由于社会上的种种压力接踵而来，致使邹韬奋不得不痛苦地宣布《生活日报》停办。他和他的朋友们所付出的艰苦劳动，付之东流了。

这次在香港出版《生活日报》，也是十分困难的。首先就是经费问题。邹韬奋想尽办法，通过几个朋友"辗转凑借了一笔款子"作为开办资金。由于经济条件的限制，报社只能设在贫民窟的一条汽车都不能进去的小街——利源东街20号一幢只有三个小房间的三层楼房里。

在香港办报，登记就很困难，港英当局把守得很紧，要过这个关很不容易，对于不是广东人的"外江老"，尤其是知名度较高的文人来讲就更难了。因为香港政府恐怕办报刊的人有政治背景，怀疑"外江人"总不是安分守己者，使他们的统治发生危险。于是，邹韬奋请了一个热心的朋友出面去登记。当香港政府的洋大人问他为什么要办报时，这位"识相"的朋友咬定宗旨说是要赚钱。要赚钱是他们认为最可钦佩的大志，至高无上的美德，所以这个难关就这样被通过了。

为了办好《生活日报》，充实编辑部的人马，邹韬奋把胡愈之、金仲华、王纪元、柳湜等具有丰富经验的编辑、记者都请到了香港。在筹备过程中，他还提出要同时出版《生活日报星期增刊》，独立发行，以扩大影响。这个建议得到了大家的一致赞同。后来邹韬奋解释说："星期刊就是周刊，所以采用这样累赘的名称，因为《生活》周刊已被封禁，改用另一个名词，在内地发行才不受阻碍。"

6月7日，以"努力促进民族解放，积极推广大众文化"为宗旨的《生活日报》，冲破重重困难，在香港正式出版，邹韬奋任社长，毕云程任经理，金仲华任国际版编辑，柳湜任副刊编辑。《生活日报星期增刊》也同时出版，随《生活日报》发行。为了这份报纸"呱呱坠地"，邹韬奋倾注了自己全部心血。当多年的梦想终于实现时，他激动得一夜没睡，在印刷所的工场里，"亲眼看着铸版完毕，看着铸版装上卷筒机，看着发动机拨动，听着机声隆隆"。第一份《生活日报》刚在印机房的接报机上溜下来的时候，他赶紧跑过去接了下来，独自拿着微笑。

邹韬奋力求把《生活日报》办成真正的人民报纸，"言论要完全作人民的喉舌，新闻要完全作人民的耳目"。《生活日报》出版期间，国内外发生的重要事件，他都撰写文章，坦率表明自己的观点和立场，所以深受社会各界的欢迎，订户遍及全国各地和东南亚一带，每日销售两万份左右，比当地销量最多的日报多三倍，在海内外影响很大，对西南地区的抗日救亡运动起了有力的推动作用。

2. 发表刘少奇的两封来信

当时在天津主持北方局工作的刘少奇对于邹韬奋将要在香港创办的《生活日报》非常关心，化名"莫文华"给邹韬奋写了一封长信，指出："我觉得贵刊应担负促成解放中国民族的伟业，而目前的中心问题是民族解放的人民阵线之实际的组织。贵刊应将全部精力聚集于此。"他还认为："贵刊应成为救国人民阵线的指导者和组织者；成为千千万万各种各色群众的权威的刊物。"

邹韬奋收到这封信后非常高兴，认为这封信的观点和自己的想法非常合拍，因此决定在《生活日报星期增刊》第一卷第一号上发表，题名为《民族解放的人民阵线》，并加了编者附言，认为："莫先生的这封信对于'民族解放人民阵线'有着剀切详明的指示，和我们的意思，可谓不谋而合。"

6月19日，刘少奇又以"莫文华"为笔名给邹韬奋写了第二封信，表达了对《生活日报》的肯定和希望，并且认为"阻碍和破坏民族统一战线的关门观点"，"成了一切救国先进分子中之主要危险"，要求"一切的爱国志士们"，"为着团结全民族一切救亡的力量去战胜敌人"，"要放胆的跑到广大的各种各色的群众中去，把人民阵线创立起来"。邹韬奋再次在《生活日报星期增刊》上全文发表了这封信，题名为《人民阵线与关门主义》，并在编者附言中表示完全接受意见，同时还提出了用"民族联合阵线"而不再用"人民阵线"这个词的建议，从而"使人一望而知是以民族解放为本位的联合阵线；是对外的，不是对内的；是中华民族的任何分子，除汉奸外，都可以参加的，都应该参加的，并不限于任何阶级的，并且不该由任何阶级包办的"。

鉴于国内局势的变化，抗日救亡运动需要邹韬奋回上海工作，《生活日报》出至7月31日即自动停刊，宣告从8月1日起迁往上海。

由于国民党政府的阻挠破坏，《生活日报》终未能再和读者见面。《生活日报星期增刊》从8月2日起更名为《生活日报周刊》在香港出了三期，8月23日又改名为《生活星期刊》在上海出版，继续倡导停止内战，联合抗日，建立民族统一战线，社址在爱多亚路泰晤士报大楼（今延安东路160号）。邹韬奋也在8月回到上海，重整旗鼓，继续主编《生活星期刊》。

3.办好《生活星期刊》

邹韬奋回到上海就积极进行《生活日报》的复刊工作，一方面根

△ 邹韬奋主办的《生活星期刊》

据章程继续招股,因为要出版一份现代化的全国性报纸,原有的 10 万元资金是太少了,一方面向国民党政府办理登记手续,同时,对印刷设备、编辑和发行人员等作细致而充分的准备。他还在《生活星期刊》上就怎样办好《生活日报》,发表了自己的一系列想法。

为了办好《生活日报》,《生活星期刊》举办了"每月征文"活动。这个集思广益、联系读者的创造性活动,得到了广大读者的热情支持。仅 9 月,就收到了436 篇应征文章。其中 11 篇在《生活星期刊》上给予发表。邹韬奋亲自撰写了《阅卷记——九月征文总结》,指出:"这次征文全部的意见,可说是已把我们理想的报纸的轮廓画出了。这里特别值得注意的是,这许多意见,大致都不是出于专家之笔,而是从民众心坎中发出的。这一点,也许更为我们从事新闻事业的人所重视罢;因为中国的新闻事业一向是偏于保守的,自己不免为过去的业务的成见所限制,现在听了这许多来自民间的声音,不独将来对于《生活日报》的出刊有许多影响,就是对于当前新闻事业的改革上也许不无裨益罢!"

　　除此之外,邹韬奋还撰写了纪实性文学《在香港的经历》,包括《波动》、《贫民窟里的报馆》、《惨淡经营之后》、《一个难关》、《新闻检查》、《一个有利的特点》、《种种尴尬》、《一只大笨牛》、《一封诚恳慰问的信》共九篇,先后在《生活星期刊》上发表,全面介绍了他在香港创办《生活日报》的艰辛历程。

　　可是,非常遗憾的是,尽管邹韬奋为《生活日报》的重整旗鼓竭尽了全力,国民党政府就是不予登记,《生活日报》始终未能在上海出版。

　　既然《生活日报》不能在上海复刊,邹韬奋就把自己的精力全部放在办好《生活星期刊》上面。《生活星期刊》虽然在上海只出了十七期,历时才三个多月,但还是给上海人民留下了深刻的印象。

➡ 团结御侮 共赴国难

★★★★★

（41岁）

1. 积极参与组建救国会的各项活动

华北事件前后，邹韬奋结识了德高望重的大律师沈钧儒。他们经常邀约一些文化界人士，一起聚餐交换意见，共同商讨时局的发展和抗日救国的具体道路，酝酿在文化界发起建立一个抗日救亡团体。1935年12月12日，邹韬奋和沈钧儒、马相伯等283人联名发表了由胡愈之起草的《上海文化界救国运动宣言》，呼吁"负有指导社会使命的文化界"立即奋起，"站在民众的前面而领导救国运动"。这个具有深远意义的宣言，随着一二·九运动的深入和发展，迅猛地传播开来。

12月27日，上海文化界救国会正式成立。三百多名作家、新闻记者、导演、演员、教授、律师、宗教界人士等参加了成立大会。大会推选邹韬奋和马相伯、沈钧儒、章乃器、陶行知、胡愈之、李公朴、

069

对真理的探索

王造时、史良等35人为执行委员，由邹韬奋分管宣传，并通过了《上海文化界救国会第二次宣言》，提出了"迅速建立民族统一战线"、"停止一切内战"、"武装全国民众"、"释放一切政治犯"等八项救国主张。

在此前后，上海各界爱国人士也纷纷行动起来，到1936年1月，上海妇女界救国会、大学教授救国会、电影界救国会、新闻界救国会、职业界救国会、学生界救国会、工人救国会等各方面的救国会都先后建立起来了。在此基础上，上海各界救国联合会于1936年1月28日正式成立，推选邹韬奋和沈钧儒、章乃器、李公朴、陶行知、王造时、史良等组成执行委员会，统一领导上海市的抗日救亡运动。

与此同时，全国各地的各界爱国人士也纷纷组织起各种各样的抗日救亡团体。北平、天津、南京、济南、青岛、武汉、西安等地都先后成立了救国会。救国运动以燎原之势在全国各地迅速展开。《大众生活》先后刊登了上海文化界发表的两次救国运动宣言，成为救国运动的一个坚强的舆论阵地，起了振聋发聩的重要作用。

2. "全国各界救国联合会"成立

随着抗日救亡运动的不断发展，1936年5月31日至6月1日，"全国各界救国联合会"在上海召开了成立大会。来自北平、天津、保定、济南、青岛、徐州、南京、上海、安徽、厦门、香港、广州、广东、广西、武汉等省市的代表五十余人出席了会议。邹韬奋在会上当选为全国各界救国联合会的执行委员。

为了促成全国各党各派、各地方势力的团结合作，共同抗敌，邹韬奋和沈钧儒、章乃器、陶行知等救国会领导人于同年7月15日联名发表了由共产党人胡愈之帮助起草的《团结御侮的几个基本条件与最低要

△《生活星期刊》杂志登载鲁迅先生葬仪

求》一文，更是明确表示赞同和支持中国共产党的抗日
民族统一战线政策，主张停止内战，一致抗日。《生活日
报》全文刊登了这篇文章。这一代表全国大多数人民意
志和要求的呼声，引起了国内各界人士的重大反响，特
别得到了中国共产党的赞同。

8月10日，毛泽东发表了《致章乃器、陶行知、邹韬奋、
沈钧儒及全体救国会员函》。他充分肯定了救国会的这一
主张，并代表中国共产党、苏维埃政府与红军，向救国

会全体会员"表示诚恳的敬意",表示愿意在救国会的
纲领下签名,同救国会及"一切愿意参加这一斗争的政
派的组织或个人合作","来共同进行抗日救国斗争"。毛
泽东的公开信,对救国会的领袖们是一个极大的鼓舞,
也增强了邹韬奋从事抗日救国运动的信心和力量。此后,
全国各地的救国组织进一步得到发展和加强,抗日救亡
运动广泛展开,进入了一个新的发展阶段。

△ 《生活星期刊》上登载对鲁迅悼念与追思的文章

9月18日，毛泽东又亲笔写信给邹韬奋和章乃器、陶行知、沈钧儒。信中说："先生们抗日救国的言论和英勇的行动，已经引起广大民众的同情，同样使我们全体红军和苏区人民对先生们发生无限的敬意！"1936年9月24日，潘汉年带着这封信离开陕北苏区，前往上海。这样，邹韬奋和救国会同中共中央的正式代表开始有了直接的联系。

从此以后，邹韬奋的政治态度总是同中国共产党的主张保持一致。他总是虚心听取党的意见，并且努力把党的意见转变为自己的实践。不论他个人的事业或者有关个人的去处有什么问题，或者遇到新的政治问题，他总是去找他所能接触到的党的组织商量，虚心听取党的意见，无条件地按照整个革命的利益来安排自己的生活和工作。总之，他已经严格地用革命者的标准来要求自己，全心全意为党工作。

3. 对鲁迅的悼念与追思

1936年10月19日，中国伟大的革命文豪鲁迅逝世了。邹韬奋获悉这一不幸的消息后，极为悲痛。他和救国会的一些领导人商量后决定：鲁迅的葬仪以救国会的名义主办，把鲁迅的送葬活动搞成一个群众性的运动，以推动抗日救国运动的发展。

22日下午，鲁迅灵柩安葬于上海万国公墓。送葬仪式变成了大规模的群众示威游行。本来在租界里是不准游行示威的，这次是送葬，租界当局也不好阻止了。六七千人的送葬队伍，浩浩荡荡，从胶州路上的万国殡仪馆出来，经爱文义路（现北京西路）、静安寺路（现南京西路）、大西路（现延安西路）、中山路，折入虹桥路，再流向万国公墓，充分显示了群众的伟大力量。他们循着军乐队的乐声，唱着悲壮的挽歌，深深地感召着沿途围观的群众。邹韬奋和宋庆龄、沈钧儒、章乃器等救国会领导人走在送葬队伍的前列。

送葬队伍到达万国公墓时，已经是下午5点了。在隆重的葬仪上，邹韬奋和宋庆龄等人都发表了演讲。邹韬奋说："今天天色不早，我愿用一句话来纪念鲁迅先生：有人是不战而屈，鲁迅先生是战而不屈。"据宋庆龄回忆说："当时白色恐怖厉害，在鲁迅的追悼会上发言要冒生命危险。"但是邹韬奋和救国会的其他领导人都不怕牺牲，把生死置之度外了。

为了悼念鲁迅先生，邹韬奋主编的《生活星期刊》于10月25日出版了图文并茂的《悼鲁迅先生》的专刊，封面为作家们抬着鲁迅灵柩的大幅照片，封二刊登了六幅葬仪的照片：送殡者中的花圈队和挽联队；宋庆龄和治丧委员们；《生活星期刊》杂志社同人送的挽联；参加吊唁的许多小学生；在鲁迅画像前演说。封三也刊登了六幅照片，除了一幅是鲁迅同木刻家们在一起谈话外，其余全部都是游行和葬仪的悲壮场面。

这本悼念鲁迅专辑除了在卷首刊登了邹韬奋撰写的"笔谈"（后收入《展望》时取题《伟大的斗士》）之外，还刊登了郑振铎、胡愈之、许杰、胡仲持、叶圣陶、徐调孚、以群、王统照、吴文祺、天行、征农、倪文宙、重立和全国学生救国联合会代表等撰写的十五篇悼念文章，以及最为难得的司徒乔创作的鲁迅最后遗容的速写。

此后，《生活星期刊》还报道了西安、天津等地悼念鲁迅先生的情况，上海各界筹备成立鲁迅先生纪念委员会的消息以及鲁迅先生纪念委员会筹备会的公告。

➡ 身陷囹圄 意志更坚

★★★★★

（41—42 岁）

1."七君子"被捕

全国各界救国联合会成立以后，积极拥护中国共产党的抗日民族统一战线政策，努力进行抗日救国工作，控诉日本帝国主义的侵华罪行，揭露国民党当局的卖国投降政策，同各地实力派建立了一定的接触和联系，发动了更多的群众参加救国运动，并得到了各界爱国人士的同情和支持，从而成为国民党蒋介石继续进行反革命内战、实行妥协投降政策的一大障碍。因此，他们把救国会及其领导人视为眼中钉、肉中刺。为了镇压不断高涨的抗日救国运动，继续推行他们的反动政策，国民党政府在日本帝国主义的指使下，加紧了对救国会的迫害，并于 1936 年 11 月 23 日凌晨逮捕了邹韬奋和沈钧儒、李公朴、沙千里、史良、章乃器、王造时等七位救国会的领袖，这就是中国近代史上著名的七君子事

075

对真理的探索

△ 辣斐德路601弄（现复兴中路565弄）4号

件。

　　11月22日下午6点，邹韬奋下班后就赶到黄河路功德林餐厅参加援助绥远抗战的会议。会议一直开到11点才结束。当他回到法租界辣斐德路601弄（现复兴中路565弄）4号寓所时，已经是午夜12点了。次日凌晨2点半的时候，睡得正酣的邹韬奋突然被一阵凶猛的敲门声及其夫人沈粹缜的惊呼声所惊醒。门被打开后，就有四个人一拥而入。邹韬奋除了穿上平常的西装外，里面加了一套羊毛绒的内衣裤，外面罩上一件大衣，和四个不速之客一起走出了家门，由两个巡捕房来的人，用备好的汽车送到卢家湾薛华立路法国巡捕房（现建国中路22号，上海市公安局卢湾分局），后又和章乃器一起被解往高三分院（现建国中路20号，上海市卢湾区人民法院）。审问结束后，被押送到薛华立路马斯南路（现建国中路思南路）口的特区第二监狱羁押。到26日晚上7点，被"移提"到上海地方法院（租界以外的法院），与沈钧儒等一起关押在待审室。12月4日下午1点半，邹韬奋和沈钧儒等七人被解送到吴县横街"江苏高等法院看守分所"拘禁起来。这样，"七君子"就开始了在苏州长达十个月的铁窗生涯。

2. 全国各界声势浩大的营救运动

邹韬奋和沈钧儒等七位救国会领袖的被捕，立刻震动了大江南北。全国各地的许多爱国报刊纷纷发表消息和评论，各界爱国人士也都发表谈话，呼吁释放被捕的"七君子"，抗议国民党政府的非法行为，形成了一场声势浩大的营救运动。

11月23日，宋庆龄即托付孙科迅往南京，把她的信面交冯玉祥，并"共同商议"营救"七君子"一事。11月24日，全国各界救国联合会为"七君子"被捕，发表了紧急宣言。11月26日，宋庆龄以全国各界救国联合会执行委员的身份发表声明，对于"七君子"的被捕，提出抗议。

就在邹韬奋等人被捕的消息刚刚传出来的时候，中国共产党中央委员会立即通电营救。11月30日，延安《红色中华》报以《反对南京政府实施高压政策》为题，报道了邹韬奋等人被捕的消息。同日，远在法国巴黎的《救国时报》也发表了社论《争取救国自由》。

七君子事件的发生，在国民党内部也引起了强烈的反响，许多人对于蒋介石的这一举动表示不满。国民党中央委员于右任、孙科、冯玉祥、李烈钧、石瑛等二十多人，

△ 邹韬奋手迹

曾联名致电在洛阳的蒋介石，表示此案应"郑重处理"。冯玉祥和于右任在南京发起了征集十万人签名营救运动。李宗仁、白崇禧等也向南京打电报，要求无条件释放他们。

张学良对此案的反应最为强烈。他特意乘军用飞机，单独一人前往洛阳，面见正在部署"剿共"内战的蒋介石，要求他立即释放这几位无辜的同胞。张学良和杨虎城在西安事变时向全国发出的通电中明确提出：必须"立即释放上海被捕之爱国领袖"。

1937年4月3日，江苏高等法院居然以"危害民国紧急治罪法第六条嫌疑"对邹韬奋等人正式提起公诉，从而立即引起全国人民的愤怒和抗议。6月下旬，法院要进行第二次审判时，宋庆龄和何香凝、胡愈之等16人，为声援营救"七君子"，发起了"救国入狱运动"。他们向苏州高等法院送了一个呈文，表示"愿与沈钧儒等同负因奔走救国而发生之责任"，如果"爱国无罪，则与沈钧儒等同享自由，爱国有罪，则与沈钧儒等同受处罚"。随后他们又公开发表了《救国入狱运动宣言》，要求政府"立即把沈钧儒等七位先生释放"，如果"沈先生等一天不释放"，"愿意永远陪沈先生等坐牢"。7月5日，宋庆龄扶病偕同胡愈之等12人，由上海乘火车去苏州向江苏高等法院投案，和反动当局展开面对面的斗争。这一行动得到许多爱国人士的响应。是日有三四十人到苏州高等法院递呈状，要求入狱同服"爱国罪"。检察官狼狈不堪，既不敢收留宋庆龄等，更不敢贸然对"七君子"判罪。几经交涉，检察官勉强表示可以对他们进行侦查，宋庆龄、胡愈之等人才决定返沪补递证据，再听候传押。宋庆龄、胡愈之等人还在狱中看望了沈钧儒、邹韬奋等人，对他们表示了亲切的慰问。宋庆龄说："民族危亡，爱国无罪，全中国人民都在支持你们，你们是一定能获得自由的。"直至晚上 9 时多，宋庆龄才乘火车回上海。

3. 在狱中坚持勤奋学习

邹韬奋是一个非常勤奋的人，工作就是他的生命。即使是在被囚禁的日子里，他仍然读书，不停地写作。除了"出庭受审"，其余时间他都是专心致志地埋头著译，一共撰写了三十多万字。

《经历》是邹韬奋在狱中写成的一部自传，记述了他由一个刻苦攻读的莘莘学子成长为一个坚强的革命文化战士的奋斗历程。随后，他把 1936 年 8 月至 11 月底发表的文章选编成册，取名《展望》，并撰写了弁言，指出："我们——整个中国同胞们——都要继续不断地睁开眼睛展望展望世界的大势，展望展望中国的现实，不为任何个人或任何集团的利益所蒙蔽，放大眼光，展开胸怀，时时刻刻把整个民族的利益做一切的思想和行动的目标。我们要万众一心，向着这个目标共同努力，共同奋斗！"

与此同时，邹韬奋写完了《萍踪忆语》的最后八篇文章。这本书记述了他考察美国的观感，深刻而尖锐地揭露了美国资本主义社会的矛盾。他认为："研究美国，从美国是一个资本主义发达到最高度的代表型的国家看去，从国际的形势看去，从太平洋的风云看去，都有它的重要的意义；就是从中国取长去短的立场看去，也很有它的重要的意义。"周恩来对《萍踪忆语》有过很高的评价。他说："关于美国的全貌，从来不曾看过有比这本书所收集材料之亲切有味和内容丰富的。"

此外，邹韬奋还将他旅居伦敦时研读马克思主义著作时写的一部分英文笔记翻译整理，编成《读书偶译》一书，由生活书店出版。《读书偶译》是一本比较系统介绍马克思、恩格斯和列宁的生平、思想的著作。

△ 邹韬奋在狱中坚持读书、写作

从这里，我们可以看出，邹韬奋虽然身陷囹圄，但还是没有忘记对于马克思列宁主义的研究和宣传，没有忘记一个革命文化战士的职责。正如他在《经历》中所说的：“我在二十年前想要做个新闻记者，在今日要做的还是个新闻记者——不过意识要比二十年前明确些，要在‘新闻记者’这个名词上面，加上‘永远立于大众立场的'一个形容词。我所仅有的一点微薄的能力，只是提着这支秃笔和黑暗势力作坚苦的抗斗，为民族和大众的光明前途尽一部分的推动工作。我要肩着这支秃笔，挥洒我的热血，倾献我的精诚，追随为民族解放和大众自由而冲锋陷阵的战士们，'冒着敌人的炮火前进'！"

为抗战胜利而奋斗

(1937—1944)

→ 全力以赴 投身抗战

1. 主编《抗战》三日刊

七七事变以后，全国团结抗战局面形成，由于邹韬奋等人坚强不屈的斗争，全国各界人士的积极营救和广大人民群众的大力声援，国民党政府不得不于 7 月 31 日将"七君子"交保释放。邹韬奋等人终于结束了在苏州 243 天的牢狱生活。8 月 1 日上午 11 点半，"七君子"由苏州回到上海，胡愈之、钱俊瑞等百余亲友到火车站迎接。邹韬奋等人高唱着《大路歌》走出了车站。中午 12 点半，胡愈之和胡兰畦（何香凝的代表）、张志让、沈兹九、谢承平、罗叔章、梅龚彬等各团体的代表和救国会的负责人在宁波路江西路口的邓脱摩饭店为"七君子"洗尘。这时忽然有一百多位青年学生闻讯而来欢迎"七君子"，并要求七位先生讲话。邹韬奋当场题词:"个人没有胜利,只有民族解放是真正的胜利。"

邹韬奋出狱后,先是居住在吕班路巴黎新村(现重庆南路169弄)5号,后又迁移到拉都路(现襄阳南路)389弄3号。

8月13日,日本帝国主义开始对上海发动疯狂进攻,遭到中国军队的强烈反击,就此拉开了八·一三淞沪抗战的序幕。在这硝烟弥漫的日子里,邹韬奋加紧了《抗战》三日刊的筹备工作。经过连续五昼夜的努力,《抗战》三日刊(这个刊物从当年9月9日起改名《抵抗》三日刊,12月23日起恢复原名,并移往汉口出版,翌年7月7日和《全民》周刊合并,在汉口出版《全民抗战》三日刊,10月15日移至重庆,改出五日刊,1939年5月13日起改为周刊。1941年2月底被国民党当局查禁)于8月19日以崭新的面貌在上海问世了,社址在城内肇嘉路75号。这是邹韬奋主编的第五个报刊,也是他在上海主编的最后一个报刊。正如他自己于9月20日在《立报》发表的《同道相知》中所说的:"时间过得真快,我这后生小子,不自觉地干了十五年的编辑。为着做了编辑,曾经亡命过;为着做了编辑,曾经坐过牢;为着做了编辑,始终不外是个穷光蛋,被靠我过活的家族埋怨得要命。但是我至今'乐此不疲',自愿'老死此乡'。"

邹韬奋在这一时期的工作是相当紧张的。除了主编《抗战》三日刊外,他还担任了《国民周刊》的评论委员会委员、编委,《救亡日报》的编委,并经常为《申报》、《立报》、《战时联合旬刊》、《文化战线》等报刊撰稿,从整个国家和人民的利益出发,系统分析、报道和抗战有关的国内和国际形势,全面反映人民大众在抗战期间的迫切要求,竭诚

只有民族解放是真正的胜利

△ 邹韬奋手迹

宣传共产党的全民抗战主张，严厉抨击国民党的片面抗
战政策。他主编的《抗战》三日刊很快成为深受读者欢
迎的刊物。

2. 坚持抗战，反对妥协

八·一三事变以后，日本帝国主义的侵略直接威胁到英、美等国和蒋介石集团的利益。在全国人民抗日怒潮的推动下，南京国民党政府开始采取比较积极的抗日态度和行动，以国共合作为基础的抗日民族统一战线终于正式形成。

在整个抗日战争时期，始终存在着坚持抗战，反对妥协的问题。只有坚持抗战的国策，方谈得到抗日民族统一战线的建立；只有批判亡国论、失败论，树立抗战必胜的信念，才使国共两党团结一致、共同抗日成为现实。而在国民党当权阶层中，企图谋求妥协，终止抗战的确实大有人在。克服投降危机一直是抗日军民的任务。因此，邹韬奋非常重视统一战线内部的思想斗争，坚持批驳和制止一切妥协言行。七七事变以后，亲日派还在散布"战必大败，和未必大乱"的亡国论调；某些国民党政客则坚持妥协退让，放出"和必乱，战必败，败而后和，和而后安"的投降派的政治烟幕弹；蒋介石也是摇摆不定。在亡国论和失败主义的空气一时甚嚣尘上的情况下，邹韬奋在 8 月 19 日出版的《抗战》上发表了《战的反面》，揭露了所谓"和平"的代价，"是中国的道地十足的沦亡，是四万万五千万的中国人变成四万万五千万的奴隶"！他明确指出："这代价是我们所万万无法支付的。于是余下的唯一有希望的途径是整个民族的坚决抗战！"

1937 年 10 月 26 日晚上，驻守上海的国民党军队从大场庙行向南撤退到第二道防线继续抗敌。第二天上海市民一度有些恐慌。一些不明白实际情况的人似乎在心理上不免有些动摇。亲日派和汉奸趁机捣乱，停战妥协的谣言到处飞扬，有的甚至叫嚣"中日亲善"、"经济提携"，妄图策动妥协和平运动。在这种形势下，邹韬奋先后发表了《需要镇定的时候》、《最重要的一点》等文，强调："我们必须明白消耗战的意义，然后对于上海战事的最近变化才不致颓废，才不致影响到救亡工作的继续努力。同时还必须明白只有抗战到底才能显现消耗战的作用，才不致受妥协论的麻醉，才不致无意中被汉奸所放出的投降理论所动摇。"

对于在坚守闸北四行仓库的战斗中孤军奋战四昼夜的我八百壮士，邹韬奋给以热烈的歌颂。他认为："这八百勇士的悲壮行为，震动了全世界，唤醒了民族魂，对于中华民族的贡献诚然是非常伟大的。""他们为国抗斗的精神"，"引起国际间无限的同情与后方民众的热烈的钦敬"。由此他得出了这样一个结论："怯懦乞怜只能引起卑鄙的恶劣感觉，唯有英勇抗斗才能引起同情与钦敬。"

3.宣传共产党的抗日救亡主张和政策

在抗日战争时期，共产党始终主张实行全面抗战路线，强调要在抗战中实行全国人民总动员、全国军队总动员，要充分发动群众、武装群众，动员一切力量争取抗战的胜利，并将这个胜利变成真正的人民的胜利。它与国民党的片面抗战路线形成鲜明的对照。对此，邹韬奋也是有深刻认识的。抗日民族统一战线刚建立，他就撰文介绍了中国共产党的全面抗战路线。

第二次国共合作形成之后，国民党当局对中国共产党的抗日救亡主张和政策，仍然是严加封锁。广大人民群众，尤其是国统区的群众，在过去的歪曲宣传影响下，很难得到澄清疑团的机会。因此，邹韬奋主编的《抗战》就义不容辞地担当了这个任务，先后刊登了《朱德等就职抗战通电——坚决抗战众志成城》等报道，使大家对八路军开赴战场，取得重大胜利的消息，以及八路军纪律严明、军民合作打日寇的动人故事都有所了解。11月13日，邹韬奋还在《抵抗》上发表了《怎样争取持久战的胜利》一文，全面介绍了彭德怀撰写的小册子《争取持久抗战胜利的先决问题》，使读者对于"中国必须持久抗战才能得到最后的胜利"、"中国在持久战不但不会把力量渐渐地消完，而且还会生长力量"以及"什么是游击战争"、"怎样才能发展游击战争"、"民众动员与全民抗战的关系"等中国共产党关于持久抗战的思想和游击战争的策略有了一定的认识。

抗日战争全面爆发以后，中国共产党根据抗战形势发展的需要，在延安创办了抗日军政大学、陕北公学等旨在培养抗日干部的学校。由于国民党统治区对陕甘宁边区的消息仍然实行封锁政策，广大群众不了解边区的教育情况，因此，许多读者写信给邹韬奋，要求给予介绍和指导。为了满足他们的要求，邹韬奋先后在《抗战》上刊登了抗日军政大学和陕北公学的招生广告，以及"边区实录"等通讯报道，在国统区引起了很大的反响。延安成了许多青年向往的地方，他们纷纷结伴而行。有的还是家里唯一的儿子，为了抗日救国，不惜离家远行。从而形成了抗大额满、陕公额满的热烈场面。当时在上海《神州日报》工作的青年陆灏，就是在《抗战》三日刊的指引下去了延安，从而改变了他一生的命运。

与此同时，上海、南京以及边远各省市的一些失学、失业青年，以及一部分在职青年，都受这股求学热潮影响，纷纷写信给八路军驻京办事处，要求了解详细情况。八路军驻京办事处在处理繁忙的公务之时，每天要抽空答复这类信件。因此，他们和邹韬奋商量后决定，在《抗战》三日刊先后公开刊登《第八路军驻京办事处来信》和《陕北公学简章》、《第八路军驻京办事处又来信》等，"以告有志投考抗大之革命青年"。

→ 再接再厉　转战汉渝

★★★★★

（42—43岁）

1. 应邀在广西作演讲

上海沦陷后，英、法等租界成了孤岛。邹韬奋领导下的生活书店决定，大部分干部撤往内地开设分店，以汉口、广州分店为重点，在上海设"远东图书杂志公司"作为据点，留下少数人员。

11月27日，邹韬奋和何香凝、郭沫若、金仲

△ 邹韬奋摄于1937年底

华等文化界友人在潘汉年等共产党人的安排下坐法国邮轮离开上海前往香港。到了香港，邹韬奋没有久留，他和住在一个旅馆里的张仲实、钱俊瑞、杨东莼、沈兹九等人商量路程。由于当时中国的政治、文化中心已经移到武汉，所以武汉就成了他们的目的地。他们决定由广州取道广西赴武汉。

12月4日，邹韬奋一行到达广西梧州。刚进旅馆，便有广西大学理工学院和一些中学的男女青年络绎不绝地前来探望。在梧州那短短的两天时间里，邹韬奋"无时无刻不被包围在这许多可敬可爱的青年朋友的气氛中"。"一早刚从床铺上爬起身来，衣服还未穿齐，脸还未洗成，就有青年朋友来访问了，除应邀出去演讲外，直到夜里打算上床睡觉的时候，还有青年朋友不断地来谈"。有一天，邹韬奋为了"勉应四处"的演讲，往返奔走，毫无宁晷，起身后来不及用早餐，一直饿到夜里。

12月6日下午，邹韬奋一行到达广西郁林（今玉林市）。他们在车里颠簸了一天，都觉得很疲倦，打算吃了晚饭早些睡觉，以便第二天起早。不料刚在旅店附近吃了晚饭往回走的时候，便被郁林中学的一群男女学生包围起来。他们再三要求邹韬奋等人多留一天给同学们讲演。但由于邹韬奋等人已定在次日早晨4时离开，因此只能连夜赶到学校。这时快到熄灯时间，有的同学已经入睡。听到邹韬奋来了，全校七百多名学生都集中到大操场，在暗淡的灯光下听他们演讲。演讲结束后，外面正在进行防空演习，没有路灯。学生代表们用手电筒引导邹韬奋等人回旅店。次日清晨3点多，郁林中学的学生代表还特意早起，高唱着《义勇军进行曲》和《抗战歌》前来给邹韬奋等人送行。

12月10日左右，邹韬奋等人经广西柳州抵桂林后就更忙了。邹韬奋戏称自己这一群是"马戏班"。他们按各人比较熟悉的问题，分工讲不同的专题。邹韬奋主要讲团结抗战问题。有一次，他和金仲华去广西大学作报告，本来预备每人演讲一小时至一小时半，"但是因为全场千余人的男女同学非常热烈，大家继续不断地提出许多问题来商讨询问，竟从1点钟讲到6点钟，还全场空气紧张，兴趣浓厚"。邹韬奋和金仲华也非常兴奋，"轮流答复，始终不觉疲倦"。后来因时间太晚，同学们要吃晚饭，该校教务长答应大家以后有机会再谈才宣布散会。

2. 在江城创编《全民抗战》

12月16日，邹韬奋一行到达武汉，住在汉口"文化街"（交通路）金城文具公司楼上，继续主编《抗战》三日刊，在新的天地里，以新的内容，同更多的读者交心。他根据形势的发展，把自己的工作与整个民族解放事业紧紧地联系在一起。

1938年4月下旬，周恩来对即将到广州去办《救亡日报》的夏衍说："你要好好学习邹韬奋办《生活》的作风，通俗易懂，精辟动人，讲人民大众想讲的，讲国民党不肯讲的，讲《新华日报》不便讲的，这就是方针。"这可以说是对抗战时期邹韬奋所办刊物的最恰当的评价。

1938年7月7日，在中国抗日战争全面爆发一周年的时候，邹韬奋主编的《抗战》三日刊与柳湜主编的《全民》周刊合并，更名为《全民抗战》三日刊。邹韬奋、柳湜任主编。为了激励士气，《全民抗战》于8月19日增出了《保卫大武汉特刊》，受到广大官兵的热烈欢迎。由于该刊真正代表了全国人民的公意，发行后每期的销售数很快就达到了30万份，是当时最受读者欢迎的刊物。

由于武汉局势日趋紧张，印刷、邮寄条件十分困难，《全民抗战》从 10 月 15 日第三十号起改为五日刊。10 月 25 日在汉口出至第三十二号，第三十三号起移至重庆出版。同日，汉口沦陷。

汉口沦陷前，邹韬奋和柳湜随身携带了大批稿件乘飞机赴重庆。当时，他们担心在机场遇到检查时会有麻烦。不料遇到的两个国民党宪兵都是邹韬奋的读者，热情地帮助他们拿行李，送茶水，并表示要永远跟着邹韬奋先生走。

10 月 30 日，《全民抗战》在重庆按时出版，实现了从汉口到重庆的顺利交接，一天时间也没有耽搁。从 1939 年 3 月 5 日起，《全民抗战》特增出战地版，免费赠送，专供战地军民阅读，受到前线的广大官兵的热烈欢迎。同年 5 月 3 日至 4 日，重庆遭到日寇飞机的狂轰滥炸，印刷极为困难，因此自 5 月 13 日起，《全民抗战》改为周刊。8 月 12 日起，《全民抗战》又增出通俗版，专供文化水平较低的人阅读。1941 年 1 月皖南事变以后，《全民抗战》就在 2 月出至第一百五十期，被国民党当局查禁停刊。

3. 最可敬佩的朋友周恩来

1938 年 2 月下旬，邹韬奋在张仲实陪同下，到八路军汉口办事处访问了周恩来。他们一见如故，就像老朋友见面一样。周恩来爽朗亲切，诱导启发。他精辟的分析，透彻独到的见解，给邹韬奋留下了极深刻的印象。他除了认真地听取邹韬奋对形势的看法和工作汇报，以及在大敌当前的情况下对今后工作的设想和安排，还非常仔细地问了文化界和一些爱国知识分子的情况。他们时而哈哈大笑，时而神情严肃，充满激愤，无拘无束地谈了一个多钟头。临别时，周恩来紧握着邹韬奋的手，情深意切地说："请你们记住，爱国知识分子是国家的宝贵财富，无论什么时候都需要。有什么要求，请随时提出来，我们共产党一定会尽可能地帮助解决。"邹韬

△ 周恩来为邹韬奋题词

奋希望周恩来方便时到生活书店指导工作，周恩来不加犹豫地接受了这个请求。几天后，周恩来就为生活书店同人作了题为《关于当前抗战形势和青年的任务》的报告。周恩来的热情真挚使邹韬奋深受感动。他后来不止一次地说："周恩来先生的确是我的良师益友"，"是最可敬佩的朋友"。

不久，邹韬奋直接向周恩来提出了参加中国共产党的要求。周恩来亲切地回答说："你现在以党外民主人士身份在国民党地区和国民党作政治斗争，比你以一个共产党员身份所起到的作用不一样，这是党需要你这样做的。"

此后，邹韬奋和周恩来的交往逐渐多了起来。有一段时间，周恩来几乎每周都到汉口中央银行楼上，同邹韬奋等各抗日党派的领导人共商国是，向他们介绍国共谈判的情况，分析政治形势，也听取他们对时局的意见。生活书店也经常邀请周恩来前来参加座谈会、作报告。每一次见面，彼此都是亲切坦诚，谈笑自如。他们的情谊也日渐深厚。凡是重大的行动，邹韬奋都向周恩来请示，由周恩来为之安排。

到了重庆以后，邹韬奋和周恩来的接触就更多了。邹韬奋经常去曾家岩 50 号八路军办事处拜访周恩来，向他请教政治问题，并接受中共中央对国统区文化工作的指示。有时周恩来也通过邓颖超约见邹韬奋和沈粹缜。

邹韬奋曾经说过："从武汉到重庆，直到我离开重庆到香港，其后，回到上海，转到解放区，我的一切工作和行动，都是在党和周恩来同志指示下进行的。"

→ 整顿店务 逆势而上

1. 生活书店的新发展

为了适应抗日战争全面爆发后的新形势，生活书店在1937年9月13日召开第二十次常会就制定了大量出版战时读物和向国内大中城市设立分支店的大发展计划，并决定把总店迁往当时的政治文化中心——武汉，以便于向内地开展抗日文化宣传工作。

生活书店总店迁汉后，迫切需要解决的有三件大事：一是加强编辑组稿力量，大量出版书刊；二是组织力量发展发行网，尽快把书刊送到读者手中；三是随着出版发行业务的发展而产生的全国性的出版发行企业的管理问题。

邹韬奋到达武汉以后，首先解决的就是建立编审机构的问题。1938年1月，生活书店编审委员会成立。邹韬奋、胡愈之等11人为委员。编审委员会成员中，只有邹韬奋和张仲实在生活书店有正式职务，其他人都是兼职，都是在文化界卓有声誉的作家、新闻工作者或社会活动家。通过这些编审委员和生活书店的几个杂志的编辑，生活书店团结了大批作家、翻译家，使稿源大大增加。

抗日战争爆发以后，全国的交通受到很大的影响，运输极为困难。同时，人员的流动性极大，书店不可能像和平时期一样开展大量的邮购业务。因此生活书店决定在各省市重要的城镇建立分支店，并尽可能深入内地和邻近战区地带，以满足广大人民群众对于精神文化食粮的需求。1938 至 1939 两年内，生活书店在全国建立了庞大的发行网：分支店及办事处达五十二个，临时营

△ 生活书店总管理处

业处三个。此外还有九个流动供应所。除了新疆、西藏、青海、宁夏之外，后方十四个省都有了生活书店的发行据点。分布之广，也超过了其他同业。在战争的环境中，在资金极为困难的情况下，能迅速建立起这样遍布全国的发行网，确实是出版界的一个奇迹。

1938 年 8 月，为了整个工作上的便利和效率，生活书店在迁至重庆冉家巷 16 号后，决定将总店改为总管理处（简称总处）。总处的主要任务是："特别注意本店各部门整个计划的规划与全盘中各项工作的考核指导与调整。一方面尽量容纳各分店工作同志的合理的意见，一方面尽力帮助各分店工作同志解决困难问题。"

2. 满足各层次读者的需要

生活书店总店迁汉后，继续把出好各种期刊作为重要任务。除了原有的《抗战》、《世界知识》、《妇女生活》、《战时教育》、《新学识》、《读书与出版》之外，还增出了《文艺阵地》、《国民公论》，使生活书店出版的刊物达到八种，内容包括时事、政治、国际、文艺、教育、妇女、学术理论、读书指导等八个方面。武汉撤退前，《新学识》与《读书与出版》停刊。总管理处迁重庆后，又增出了《读书月报》与《理论与现实》，并接受委托，总经销《文艺战线》双月刊。

抗战初期，全国各地广大读者急需进步读物。生活书店为了满足各层次读者的需要，出版物的内容分有高级、中级、时事、通俗读物、工具书五类，在品种上不断地提高和增加。1937 年新出版的图书有 150 种，比 1936 年增加二分之一；1938 年出版新书 200 余种，重版书近 200 种；1939 年在国民党对进步出版事业的种种摧残迫害下，经过艰苦的斗争，还是出版了 240 种图书。这是生活书店的记录上出版图书最多的三年。

当时，邹韬奋领导下的生活书店的编辑方针是：出版学术研究参考用书，但偏重救亡理论读物的出版；出版大众读物；出版战时读物。《中国文化丛书》是在武汉出版的各种丛书中，水平较高的一套。作者都是中国共产党和八路军的高级干部。他们都是以马克思主义的观点论述了中国历史、中国革命和抗日民族统一战线的基本理论，介绍了中国共产党领导下的八路军的建军工作、政治工作的经验。对于有关抗日军队的军事斗争和政治工作的书籍，生活书店特别重视。仅是介绍游击战争方面的读物就出版了十余种。其中较重要的是朱德的《抗日游击战争》、毛泽东的《抗日游击战争的一般问题》和《抗日游击战争的战略问题》等等。毛泽东的《论持久战》和《论新阶段》都是以中国出版社的名义出版后大量印刷，在国统区各地的生活书店分支店广为发行，批判了"亡国论"和"速胜论"，从理论上、思想上武装了全国人民，对争取抗日战争的胜利起了巨大的动员作用和组织作用。

3. 国民党当局对生活书店的摧残

生活书店在抗日战争全面爆发以后得到的迅速发展，引起了国民党当局的极大不安。抗日战争进入相持阶段以后，随着国民党政府的政策重点逐渐从对外转向对内，从比较积极的抗日转向消极抗日、积极反共，国民党统治区特务横行，进步书报横遭摧残，进步人士惨遭迫害。邹韬奋和他领导的进步文化事业更是首当其冲，他主编的刊物给国民党当局审查的文章，不止一次被批上"免登"、"扣留"等字样。他创办的生活书店在国统区的各个分支店，一个个被查封，他自己的人身安全也受到了严重的威胁。

1939 年 3 月，生活书店浙江天目山临时营业处首当其冲，店被封闭，职员被强迫押送出境，店内所有公私财产都被封存。紧接着的是生活书店西安分店，不但店被封，经理被捕，全体职员被驱逐，而且所有财产包括现款都被抢劫一空。此后，陕西南郑、甘肃天水、湖南沅陵、浙江金华、江西吉安、江西赣州、湖北宜昌、浙江丽水、安徽屯溪、广东曲江、福建南平、陕西临川、湖南衡阳、安徽立煌等生活书店的分支店都遭受到同样的迫害。在短短的一年零三个月的时间里，生活书店经过十五年的艰苦经营所建立的布满各地的五十五个分支店，除五处系因战局

△ 邹韬奋全家合影，摄于1940年冬。

关系而撤退者外，其余被摧残而毁灭者达四十四处之多。至1940年6月，生活书店只剩下六个分店。生活书店陷入了最艰危的时期。

为着申雪生活书店的冤抑，为着要保全这十五年来无数作家与全体同人所惨淡经营、费了无数血汗所造成的文化机关，邹韬奋"奔走呼吁，尽忠竭智，不敢片刻松懈"。他认为："我们的事业有着光明的前途，我们没有什么不可告人的秘密，我们都是以光明磊落的态度共同努力于国家民族的文化事业，国家民族有光明的前途，我们这群艰苦奋斗的文化工作者——为国家民族的福利而艰苦奋斗的文化工作者——也必然有光明的前途，我们不怕磨难，只怕自己没有勇气，没有毅力！"

1941年1月皖南事变前后，国民党顽固派不但对共产党实行军事进攻和政治压迫，也对各民主党派和民主人士肆行高压政策，从而加紧了对进步文化事业的摧残。从2月8日起短短的几天时间里，生活书店成都、昆明、桂林、贵阳四个分店接连被封。邹韬奋的活动也受到特务的严密监视。他愤怒得目瞪口呆，眠食俱废！从而作出了辞去国民参政员的职务，不出席即将召开的第二届国民参政会，离开重庆到香港去从事民主运动和进步文化工作的决定。

2月25日凌晨4点，邹韬奋离开了重庆，开始了他的第四次流亡。

→ 出走香港　矢志不渝

1. 撰写《抗战以来》

1941年3月5日，邹韬奋到达香港，暂住湾仔峡道15号五楼金仲华家。邹韬奋和金仲华是长期合作的好朋友。1935年金仲华进入生活书店不久，就被邹韬奋聘为生活书店编辑部主任，后又担任了生活书店理事会理事。从此，他们在抗日救亡运动和发展进步文化的共同事业中，同心协力，并肩战斗，结下了深厚的友谊。这次老朋友重逢，当然非常高兴。

为了让香港同胞和海外华侨看到进步报刊，当时香港的中共党组织正准备创办一份统战性质的报纸。廖承志和宋庆龄商量后，决定由"保盟"拨款，请邹韬奋、金仲华、邓文钊三位"保盟"执行委员和夏衍、范长江、胡乔木等人一起参加筹办并担任编委。4月8日，中文晚报《华商报》正式创刊。为着中国政治的光明前途，为着中国抗战建国的光明前途，邹韬奋在范长江的鼓励下，开始撰写《抗战以来》。从《华商报》创刊开始，他一共写了七十七篇，近二十万字，至 6 月 30 日才登完。他根据自己切身经历和无可辩驳的事实，对国民党蒋介石利用"似民意机关而又说不上民意机关"的国民参政会，伪装民主、反对宪政的卑鄙内幕；国民党宪兵特务到处横行、践踏民主、侵犯人权的反动暴行；国民党当局压制言论自由、摧残进步文化事业的卑劣手段；以及国民党顽固派消极抗战、积极反共、残害人民的丑恶行径都作了无情的揭露和抨击。而对于"震动寰宇的民族战士"，"自动奋发的千万青年"，"沦陷区同胞的艰苦奋斗"，"热烈爱国的侨胞"，"抗日各党派对于民主政治运动的再接再厉"等，他都给予热烈的歌颂。虽然邹韬奋"并不讳言，在我们共同努力奋斗的过程中，我们有许多困难须要克服，有不少危机需要警觉"，但他还是坚定地表示，"对于国家民族的光明前途，对于抗战必胜建国必成的光明前途，有着坚强的信念"。由于《抗战以来》说出了广大人民群众的心里话，所以受到了海外侨胞的热烈欢迎，产生了较大的影响。同年 7 月，《抗战以来》作为单行本出版以后，在短短的两三个月里就印了三次，印数达到 1.5 万册。在硝烟弥漫的战争年代里，一本书有如此大的销量，确实是个奇迹。此后，邹韬奋继续为《华商报》撰稿，在半年时间里就发表了近三十篇论文。这些文章严厉抨击了国民党政府反民主的法西斯独裁统治，尖锐驳斥了他们阻挠、破坏民主运动的种种谬论。

2. 复刊《大众生活》

与此同时，邹韬奋全力筹备复刊《大众生活》。这又牵涉到登记的问题。刚巧，有位港绅的儿子曹克安，早已登记好要办一个周刊，只是还没有找到合适的主编。曹克安也是《生活》周刊的老读者，对邹韬奋非常敬佩。当他获悉邹韬奋准备复刊《大众生活》时，立即表示愿意合作。为了免遭敌人的破坏，他们决定马上行动，两个星期后就出刊，由生活书店在

△ 《大众生活》第八期封面

香港新开设的光夏书店总经销。有关经费方面的一切业务，都由光夏书店承办。5月17日《大众生活》新一号面世，仍由邹韬奋任主编，金仲华、茅盾、沈志远、夏衍、胡绳、乔冠华、千家驹等为编委。《大众生活》和《华商报》紧密合作，在宣传战线上起了很大的作用。

《大众生活》设有社论、周末笔谈、论文、生活修养、通讯报告、文艺作品、散文杂感、书评、读者来信简复等栏目。除上述编委经常写作之外，还约请柳亚子、张友渔、恽逸群、沈志远、张铁生、于伶、巴人、戈宝权等撰稿，并先后连载了茅盾的中篇小说《腐蚀》和夏衍的中篇小说《春寒》。另外，还经常刊登叶浅予的漫画、黄新波的木刻以及金端苓绘制的分析时事的地图。

由于邹韬奋坚定地站在人民大众一边，坚持抗日，反对投降；坚持团结，反对分裂；坚持民主，反对独裁，所以《大众生活》复刊后，受到了广大读者的热烈欢迎，销量很快就达到了10万份。但也因此遭到了国民党顽固派和港英当局的忌恨。他们利用书报检查制度，借口"战时"，对《大众生活》百般刁难，无理大砍大删《大众生活》的稿件。从而使《大众生活》有时不得不大开天窗，甚至几乎整页空白。

1941年10月，中国民主政团同盟公开宣告成立，提出坚决抗日、加强团结、结束党治、实行宪制、实践民主、保障自由等政治主张。邹韬奋在《华商报》上发表了《民主同盟与中国民主》，明确表示："看到该同盟的忠诚为国、光明正大的主张，尤不胜其欣慰和敬佩。"他还和金仲华、张友渔联名发表宣言，响应民盟的号召，保证完全的合作。与此同时，邹韬奋积极参与了民盟主办的日报——《光明报》的筹建工作。他极力说服萨空了改变去新加坡的计划，留在香港担任《光明报》总经理，动员羊枣参加《光明报》的工作，并代表救国会筹助了 5000 港元。可以说，邹韬奋为《光明报》的创办是尽了力的。

→ 再次流亡 隐居广东

★★★★★

（47 岁）

1. 东江纵队的热情接待

中国共产党非常关心因遭受国民党当局政治迫害而聚居在香港的民主人士和文化界人士。太平洋战争爆发后，中共中央、周恩来先后两次致电八路军驻香港办事处负责人廖承志，要他迅速作好应变准备，将这些爱国的文化名人抢救出来。12 月 9 日，根据中共中央和周恩来的指示，廖承志召集紧急会议，讨论了爱国民主人士的疏散问题。会议决定，立即派人和东江纵队联系，要曾生尽快派一支突击队到九龙来协助疏散。香港沦陷后，香港地下党组织经过周密的考虑，为邹韬奋选定了一条比较安全的转移路线：偷渡到九龙，步行到广东惠阳，再转

△ 邹韬奋手记

往内地。经过四天的艰苦跋涉，邹韬奋等终于到达东江人民抗日游击队领导机关所在地——宝安县白石龙村。

东江纵队司令员曾生、政委林平热情地接待了邹韬奋等文化界人士。他们在司令部的小楼举行了欢迎宴会，转达了党中央和周恩来关于抢救工作的指示，介绍了东江游击队从无到有、从小到大的战斗历程。邹韬奋等人听了都很兴奋，也畅谈了自己的脱险经过和感受。他说："我们这支文化游击队，是在东江人民抗日游击队的卫护下，由香港转移阵地回来的。没有人民的枪杆子，就没有人民的笔杆子。打倒法西斯必须有人民的枪杆子，也必须有人民的笔杆子。一定要把笔杆子和枪杆子结合起来。"为了表示对东江游击队的敬意,邹韬奋于1月20日给曾生写下了"保卫祖国,为民先锋"八个大字。

为了解决文化人的住宿问题,当地民兵突击了一天,在山窝外一条山涧旁,搭起了两个住寮。里面靠壁有用竹片编架成的大统铺,铺上稻草。门口挂条布单做门帘,以挡风寒。邹韬奋和茅盾都住了进去。军需处还为他们准备了一批棉衣和军毯。邹韬奋领了一件棉袄,早晚凉时披着。他们和游击队战士一样到山涧洗漱、洗衣服。有人要抢着帮他洗衣服,他总是坚决拒绝,比别人洗得快。一日两餐的大锅饭菜和开水,是在村里做好送去的。邹韬奋把烤番薯当做最好的午点,把红片糖称为土制"巧克力",吃得津津有味。每当招待员问他需要什么的时候,他总是婉辞推却。

由于时局紧张,为了安全,邹韬奋在东江游击区的时间里,曾搬迁过好几个地方。每有突然情况,就得紧急转移。黑夜里摸索,大雨中滑行,或钻进茂密的山林,或穿越刺人的菠萝地。这对从无战斗行军经验的青壮年来说也是很困难的,但邹韬奋却仍然精神饱满,行动敏捷。行军中,他经常提醒、照顾别人,有时还说一两句幽默话来鼓励大家。每到一个新的驻地,他总是关心地询问有没有受伤的,晚上还要争着站岗放哨,说自己要补上战士生活课,学习行军,练成一个戎马书生。在这样艰苦的环境里,邹韬奋始终非常乐观。

2. 考察东江游击区

住进山寮的第二天,邹韬奋和茅盾等十多位著名的文化界人士,在曾生、林平等游击队领导人的陪同下参观了《新百姓报》报社。为了迎接他们的到来，报社特意在松林里布置了一个展览室，将他们出版的各期报纸和翻印的宣言、文告，以及标语、漫画、对日军宣传的日文标语口号、识字课本、政治课教材、宣传提纲等油印品，摆了满满一桌子。当大家看到展台另一端摆着的胶皮钉的刷子、白铁皮打的油墨盘、留声机针与小竹枝结合制成的钢笔，以及自制的钢板等全套印刷工具后，一致称赞这种艰苦奋斗的办报精神。邹韬奋谦虚地说："我们都是搞新闻出版的，同在一条战线哩！我要向你们学习。你们是游击队的文化战士，比我们先走一步。我们现在也开始组成一支文化游击队，今后我们并肩战斗。"林平等请邹韬奋、茅盾对游击队的文化宣传工作做些指导。邹韬奋就如何办好报、做好宣传工作提了一些看法后说："我有个冒昧的建议，如果将《新百姓报》改名为《东江民报》，不是更富有地方特色吗？同时还便于代表人民大众说话，批评国民党顽固派的错误政策。"曾生、林平等对邹韬奋的建议当即表示赞赏，并请邹韬奋题字。邹韬奋欣然命笔，挥写下"东江民报"四个刚劲有力的报头。2月初，《东江民报》出创刊号时，邹韬奋亲自写了《发刊词》。

在东江游击区的日子里，邹韬奋总是有求必应，多次给大家演讲。他深入浅出地讲述国际联盟企图放纵德国法西斯来对付苏联，正在自食其果；英美的民主政治实质上不民主；他所见到的苏联的新人新事新面貌；苏联卫国战争的艰苦和必胜的前景；国民党统治的反动本质与倒行逆施；他对所接触到的共产党领袖人物的政治品德与言行，以及关于学习、修养、事业心等方面的自我感受等等。当年和邹韬奋一起经历了这段生涯的著名戏剧家于伶回忆道："韬公每次演讲，总以他那特有的朝气蓬勃，语言朴实，平静深沉，诚恳亲切，幽默表情，以及循循善诱、谦虚诲人的精神让听者受益。"

不久，因为战斗的环境日益恶劣，东江纵队的领导决定派一个加强排，护送邹韬奋前往惠阳地区。临走那天的黄昏，华南队特意集中起来给邹韬奋送行。邹韬奋望着大家的枪、大家的脸，很沉重地说："我为民主与自由而努力奋斗了这么多年，然而终感我们的力量不够。现在我看到你们光亮的枪，见到你们亲热的面庞，我是多么兴奋和坚强呀! 这才是我们胜利的保证呀!"

3. 梅县江头村的隐居生活

4月下旬，邹韬奋在当地党组织的护送下，经过惠州到达老隆。当时，国民党当局已密令各地特务机关，严密侦察邹韬奋的行踪，沿途各检查站都有邹韬奋的照片，"一经发现，就地惩办"。为此，周恩来发来急电，指示一定要将他就地隐蔽，保证他的安全，待时机成熟后再秘密护送走。所以，邹韬奋不能按原计划经韶关到桂林和妻子儿女团聚了。他在中共南方工委的安排下，化名李尚清，以"侨兴行"大股东的身份，来到中共地下党员、当时的公开身份是"侨兴行"经理的陈炳传的家乡——梅县畲坑乡江头村，开始了他长达五个多月的隐居生活。

邹韬奋到了江头村以后，住在一个老学堂里，陈炳传的父亲陈作民及他的一个孙子陪他同住。陈炳传一家对他极为关怀，照顾得非常周到。邹韬奋身体不好，他们经常买些好吃的菜和食品，为他改善伙食；邹韬奋生了病，他们为他请医、煎药。

在这六七十家农户的山村里，每当吃过晚饭后，总

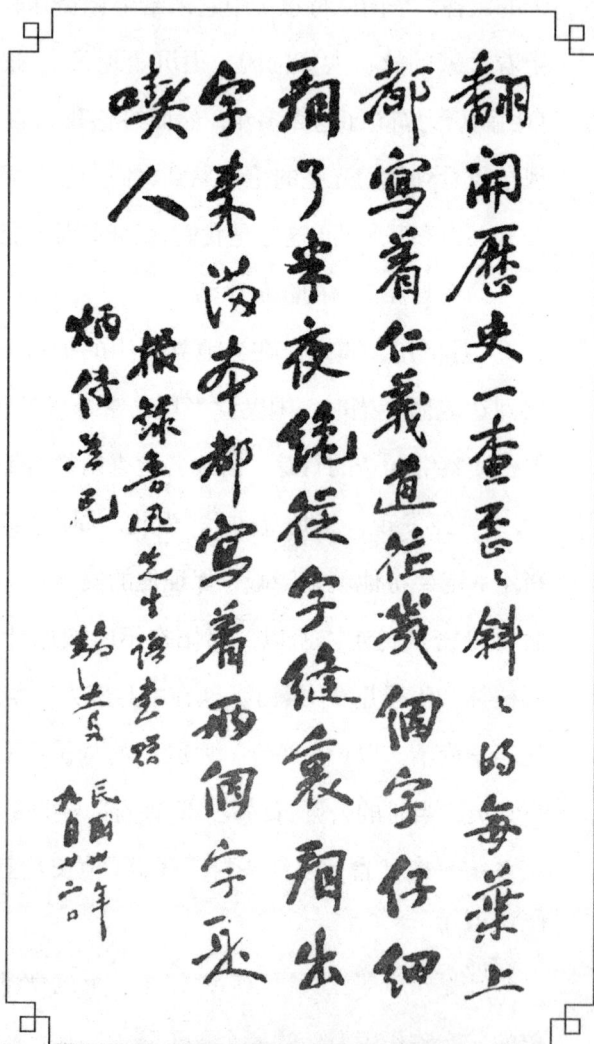

翻閱歷史一查、斜、的每葉上
都寫著仁義道德幾個字仔細
看了半夜絕徑字縫裏看出
字來滿本都寫著兩個字吃
人

摘録魯迅先生狂人日記

邹韬奮 民國廿二年

炳傳惠存

△ 邹韬奋给陈炳传写的条幅

112

有二三十个农民聚集在一起聊天。大家对谈论的话题有补充，有争论，无拘无束，各抒己见。邹韬奋对这种夜谈评价极高，兴趣极浓。他说，这里是村里人民生活经验交流的场所，是思想智慧的源泉，是乡村文化的特种形式。对他来说，这是一所"夜大学"，在这"夜大学"里，可以听到过去没有听到过也难以听到的课程。他愿意在这样的"大学"里当个学生。在夜谈会上，邹韬奋了解到了许多当地人民的斗争情况。为了弄清一些重要问题，他经常和陈作民一起，以"寻龙找穴"为名，穿山过屋进行实地调查。

由于国民党当局在各地没有查出邹韬奋的行踪，断定他仍然留在广东，故派了特务头子前来广东坐镇指挥，特别加强了对梅县一带侦察，扬言务必将邹韬奋捕获。中共地下组织获悉了这个情报后，即向周恩来作了汇报。周恩来等反复研究后决定，建议邹韬奋考虑是否前往苏北抗日根据地，还可以考虑从苏北转赴延安。邹韬奋听了党的这个决定后，当即表示："我没有什么意见，坚决服从党的安排。"

离开江头村前，邹韬奋分别给在这段时间里一直照顾他的共产党员胡一声和陈炳传写了两个条幅，都是撮录鲁迅的名句。给胡一声写的是："历史上都写着中国的灵魂，指示着将来的命运。只因为涂饰太厚，废话太多，所以很不容易察出底细来。正如通过密叶投射在莓苔上面的日光，只看见点点的碎影。"给陈炳传写的是："翻开历史一查，歪歪斜斜的每页上都写着仁义道德几个字，仔细看了半夜，才从字缝里看出字来，满本都写着两个字是吃人。"两个条幅都签上了清秀有力的真名"邹韬奋"。

➡ 考察苏北 坚定信念

（47岁）

1. 北上苏北解放区

1942年10月，邹韬奋从广东经长沙、汉口，悄悄地回到了他长期生活、工作的地方——上海，准备从上海前往苏北解放区。回到上海后，他首先找到了生活书店的老同事陈其襄。陈其襄是1934年考进生活书店做练习生的，和邹韬奋共事多年。当时他和张锡荣一起，受重庆生活书店总管理处的委派，在上海负责掩护并管理上海地区的生活书店（对外的招牌是"兄弟图书公司"）的工作，同时担负起经营工商业的任务。陈其襄化名陈昌瑞，张锡荣化名张全富，在法租界辣斐德路东升里（现复兴中路407弄）1号开设了一个地下经济机构"正泰商行"，任经理，张锡荣任副经理。陈其襄对外的公开身份是德和企业公司的经理。

上海和苏北虽然只有一江之隔，但当时一切通往苏中解放区的港口和道路都被敌人严密监视着。只要遇到他们认为是可疑的人，不是立即拘捕，就是跟踪暗探。因此，中共上海地下党组织和华中局联系后，做了非常周密细致的准备工作，以确保邹韬奋的安全。

出发那天，邹韬奋身穿一件古铜色的呢袍，头戴一顶黑色毛皮筒帽，脱掉了眼镜，装扮成一个商人。与他同行的是一位手提香篮，衣襟上挂着一串佛珠的老太太和一位身穿短布袄、长裤，手上拎个小包袱的苏北妇女。

这位老太太是陈其襄夫人陈云霞的战友华萼的母亲，扮作邹韬奋的"岳母"。华老太太名叫余圣惟，是无锡人，移居上海后，成了陈其襄的近邻。她的一个儿子和两个女儿在《生活》周刊和生活书店的影响下，思想进步，参加了革命。她虽然没有念过书，但非常敬佩邹韬奋的为人，这次是她自愿冒着危险陪伴邹韬奋到苏北去的。

这位青年妇女是在苏中解放区大众书店工作的原读书出版社的苏北籍姑娘王兰芬，扮作华老太太的女儿。王兰芬是专程从苏北到上海来迎接邹韬奋的。

邹韬奋因为没戴眼镜，什么都看不清楚，只能装作生病，和华老太太互相搀扶着。看上去俨然是"母女"俩陪同生病的"女婿"回家乡。他们在德和企业公司门口分别乘坐人力车起程，张锡荣另雇一辆尾随于后。快到十六铺码头时，他们就下了车。邹韬奋在华老太太和王兰芬的小心搀扶下，慢慢地往前走。张锡荣则抢在他们前面，找到了先期到达的苏中大众书店负责人诸侃。诸侃朝黄浦江上挥了挥手，一艘小舢板飞速驶到岸边，立即把"一家"三口和诸侃送往轮船。回头一望，码头上人山人海，每位乘客都要被日本宪兵和伪警盘问、检查。他们则躲过了这一关。一路上，"商人"打扮的诸侃，装着是和他们刚刚认识的；开口交涉的事情，都由从小在苏北长大的王兰芬负责。沿途还有新四军设立的秘密联络站照料。这样，这个临时"家庭"终于瞒过了敌人的眼睛，安然通过了他们的"封锁"，在南通附近的一个口岸——靖江（新港）上了岸，进入了共产党领导的华中解放区。

2. 考察华中抗日根据地

1942年11月22日，邹韬奋在中共上海地下组织的安排下，来到了向往已久的华中抗日根据地。他们首先找到了如西县江安区的一个小村庄，大众书店同新四军苏中军区第三军分区的《江潮报》社这时正移驻在这里。四十多年以后，当时在《江潮报》工作的徐中尼回忆起往事还是非常激动："书店同志事先都不知道有谁要来，只见王兰芬挽着一位四五十岁戴眼镜的人的手臂，诸侃跟随在侧，徐步走来。王兰芬欢叫着：'邹先生来看我们了！'大家简直不敢相信。邹韬奋激动地紧握同志们的手，说：'我回到家了。'从大后方转来的生活书店同志都像见到日夜想念中的久别的亲人一样，个个流出了热泪。"

驻在附近村庄的分区首长闻讯也赶来迎接。当时，敌情紧张，党中央和军部命令分区司令部确保邹韬奋的安全，尽快派部队护送他到苏中军区司令部去（当时在兴化一带）。但书店同志热情挽留他当夜在书店休息，他恳切地辞谢了分区司令部的邀请，同书店同志共叙离情。

第二天晚上，邹韬奋不顾旅途疲劳，应同志们的要求，在军分区领导机关召开的欢迎晚会上，以亲临其境、耳闻目睹的生动形象，介绍了他在广东东江游击队的见闻，并精辟地分析了时局，把中国的命运寄托在共产党和八路军、新四军身上。定于 26 日出版的《江潮报》第九十二期正在编写。他们立即改排了版面，发了一条醒目的新闻，主题是："民主运动健将邹韬奋先生抵苏北。"副题两行："辗转经年备尝艰苦"，"欢迎会上畅论民主团结问题"。新闻框了花边，标题旁配上了一幅邹韬奋的速写画像。这是徐中尼按照书刊上的照片，在蜡纸上描画的。寥寥数笔勾出了邹韬奋的风貌，很传神。

邹韬奋到达苏北后，不顾旅途疲劳和身体虚弱，立即下基层调查、访问。他对解放区的一切都有强烈的兴

△ 韬奋小学大门

为抗战胜利而奋斗

趣。他在新四军一师师部驻地东台县三仓河时，除了在当地进行了许多参观外，还赶到东台东部沿海垦区，与垦区的干部、群众及各界人士进行了广泛的接触，参观考察了垦区的民兵、妇女、儿童等各项工作的开展情况，并参加了垦区的中小地主士绅座谈会。在这一系列的活动中，邹韬奋兴奋地看到，在被国民党蒋介石所诬蔑的"匪区"里，在被日本侵略者所宣称的"占领区"里，成千上万的人民群众，在中国共产党的领导下，武装和组织了起来，进行着艰苦卓绝的抗战，从事着根据地的伟大建设事业，从而受到了极大的鼓舞。

3. 以演讲为武器，鼓舞群众的抗日斗志

邹韬奋到达根据地以后，总是以一个普通战士的身份要求自己，绝不搞任何特殊化。在南通县骑岸镇时，物质条件比较艰苦。邹韬奋为了锻炼自己，一切都是按照战争的要求进行安排。当时他住在苏中行政公署文化处的办公室里，布置得像战士的营房一样简单朴素。一张门板搭的床上放着一个行军包；一张旧的小方桌上放了几本书和日记本以及一些稿纸。白天出去考察、演讲，晚上在黄豆般的灯光下埋头写作。别人劝他休息，他说心里话很多，应该向群众倾吐出来，才能轻松。

邹韬奋所到之处，都有不少人向他提问题，要求同大家讲一讲，他从不拒绝。即使是在发病时，也要服药忍痛，一一解答，绝不让群众失望。他认为这是一个革命文化战士的责任。特别令人感动的是，他不顾病痛，不顾危险，主动要求到靠近敌占区的边沿地区向群众演讲。他要以演讲为武器，用自己的满腔热血，去唤醒边沿地区群众的爱国心，鼓舞他们的抗日斗志，给那里的群众留下了深刻的印象。

1942 年 12 月 26 日，邹韬奋应邀到温家桥南通县中作了题为"团结抗日的形势"的演讲，会场上挤得水泄不通，连附近的麦田、教室前的走廊都站满了人。邹韬奋穿着新四军的蓝色大衣，在雷鸣般的掌声中登上讲台。他分析了当时的国内外形势，揭露了"大后方"的黑暗情景，也谈到了对根据地的观感。

这时，耳病正在不停地折磨着邹韬奋。演讲时，由于疼痛难忍，他只能一直用手紧摁耳朵。就在那天晚上，耳病再次作祟，像针刺一样痛。但他还是不停地在一间小屋里准备第二天开座谈会的发言稿。有人劝他休息，他坚持要写。后来学校出面，从敌占区请来了一位医生，给他打了止痛针，才使他在油灯相伴下，度过了这一夜。

⊙→ 病逝申城 英灵永存

★★★★★

（48—49岁）

1.同病痛的最后斗争

1943年2月，邹韬奋从华中抗日根据地回到了上海。他再次来到法租界辣斐德路东升里1号，找到了陈其襄。陈其襄和张锡荣、张又新等生活书店的同事，根据党的指示，作了周密的考虑和布置，决定要不惜代价，使邹韬奋在绝对安全、绝对不能暴露的条件下，得到最好最及时的治疗。当时邹韬奋夫人沈粹缜还在内地，他们就找到了邹韬奋的二妹邹恩俊。邹恩俊是一位医药化验师，有一定的医学知识，也认识不少医生。经过商量后，他们决定先请曾耀仲医生为邹韬奋检查。曾耀仲约请了医务界的几个朋友给邹韬奋会诊，一致认为是癌症，必须手术治疗。

不久，张锡荣花钱在杭州搞到一张"良民证"，邹韬奋化名"李晋卿"住进中国红十字会第一医院（现华山医院）的特等病房，请著名耳鼻喉科专家穆瑞芬医师主持手术。陈其襄摆出一副资本家的架势，以德和企业公司经理的公开身份出面担保，并和妻子陈云霞一起到医院照料。邹恩俊则隐瞒了年龄，以他晚辈表亲的身份，陪伴侍候他。

手术以后，邹韬奋时常发出痛苦的呻吟声，术后两三天，才能喝一些流汁。静养了大约一个月，体力才逐渐恢复，创口也长好了，只是右耳朵里还有脓水流出来，右鼻孔也时常被堵塞，要用"鼻通"一类的药水滴入，才能畅通。由于手术中损伤了颌面部的神经，邹韬奋的半边脸有点歪了。他经常照着镜子，用诙谐的口吻说："这倒好，使别人更不容易认出我来了。"最为痛苦的是，癌症手术后的放射治疗，对人的损伤是很大的。邹韬奋每做一次，即呕吐不止。他以坚强的毅力忍受着，坚持治疗。

这时邹韬奋的长子嘉骅、夫人沈粹缜先后来到上海。嘉骅住在蒲石路二姑家里，一面到医院照顾父亲，一面在附近的大成中学继续上高中。沈粹缜则全天在医院里陪伴丈夫。邹韬奋把自广东梅县分别后的情况，以及在苏北抗日根据地的见闻，都告诉了她。他的记忆很好，手术并没有影响他的脑力。

放疗进行了几个星期以后，邹韬奋的右太阳穴和右颊又开始剧痛了。这是残留的癌细胞再次发展而引起的。医生给他试用了一些麻醉剂，并让他用冰袋进行冷敷，从而稍稍减轻了一些痛苦。

一天，刚从桂林来到上海的生活书店负责人徐伯昕，特意到医院去看望邹韬奋。老友重逢，分外亲热。正当他俩在谈话的时候，邹韬奋突然对徐伯昕说："我又要痛了，你不要怕！"顿时，他痛得在地板上爬，眼泪簌簌地流下来。痛过之后，他对徐伯昕说："我的眼泪并不是软弱的表示，也不是悲观。我对任何事情从来不悲观。我只是痛到最最不能忍受的时候，用眼泪来同病痛作斗争！"在同疾病的斗争中，邹韬奋的毅力是多么的坚强啊！

2. 对国事的最后呼吁

至 1943 年 9 月，邹韬奋在红十字医院已经住了半年多了，为了避免引起敌伪的注意，便转移到格罗希路上的格罗疗养院（后改名剑桥医院，现延庆路 18 弄 10 号）继续治疗。这是戴笠亲信丁伯雄开的一家私人小医院，只有 20 张病床，不容易引起敌人的注意。这时邹韬奋的病情又有了新的变化，癌细胞已转移到脑部，并向下扩散，每天头痛不止，只能靠注射杜冷丁度日。

邹韬奋虽然躺在床上，病魔缠身，但仍心系国事。老同事去看他时，他常有所议论。这时，国民党正在西北调兵遣将，准备大举进攻陕甘宁边区。邹韬奋听了非常气愤，于 10 月 23 日把一些经过反复思考的问题口述出来，请在场的同事帮他记录。这就是他生前最后一次的《对国事的呼吁》。他最后说："我个人的安危早置之度外，但我心怀祖国，眷念同胞，苦思焦虑，中夜彷徨，心所谓危，不敢不告。故强支病体，以最沉痛迫切的心情，提出几个当前最严重的问题，对海内外同胞作最诚挚恳切的呼吁，希望共同奋起，各尽所能，挽此危机，保卫祖国。"口述完毕，他伏在床上，就着床前放着的椅子，用毛笔写了他这篇文章的最后一节。他的字迹还是那样清秀，但笔力已不像从前那样劲健了。

同年 10 月，中共中央华中局根据党中央的指示，派华中银行副行长徐雪寒去上海探望邹韬奋的病情，向他表示慰问并赠送医药费用。他要徐雪寒向党中央毛主席转达他的感谢，并表示了病愈之后一定要去根据地，转而去延安的心愿。

11 月间，敌伪已风闻邹韬奋在上海治病，照料他的曾耀仲医生也被三番两次传讯。邹韬奋只好从格罗疗养院搬到海格路善钟路口的瞿直甫医院（现华山路常熟路口的华山路第五小学），不久又从瞿直甫医院搬到静安寺附近的德济医院（现和平路 15 号的延西医院）。

由于病势稍稍平稳，长时间的病房生活使邹韬奋感到枯燥乏味，同事们劝他随便写一点东西来调剂调剂。他欣然接受了这个建议，开始将自己一生中经历过的尚未发表的事情写出来，这就是《患难余生记》。不幸的是，《患难余生记》的第三章还没有写完，邹韬奋就因病势加重而无法再写下去了。

1944年2、3月间，邹韬奋的病情有所发展，华中局根据上海地下党的汇报，决定再度派徐雪寒去上海探望，表示慰问，并送去一笔医疗费用。当徐雪寒在上海的德济医院里再次见到邹韬奋时，邹韬奋依然露出满脸高兴的样子，艰难地从棉被里伸出瘦弱的手，和他握了握。徐雪寒说明来意后，邹韬奋低声地道谢，并迫不及待地说："我看来是不行了。日本帝国主义还没有赶出去，我却再也不能拿起笔保卫祖国、保卫人民了！我的心意，我的希望，寄托在延安，寄托在党中央。我要求入党，请你代我起草一份遗嘱，也就是一份申请书，请求党在我死了之后，审查我的一生行为，如果还够得上共产党党员这样光荣的称号，请求追认我为伟大的中国共产党的党员。"他是用了最后的生命的力量，说出了这些发自肺腑的话的。

3.临终前的入党志愿

正当邹韬奋心力交瘁的时候，日军谍报机关已知道他在上海治病，派出特务四处打探。如果继续住在医院里，很有可能发生意外。因此，生活书店的同事们立即采取紧急措施，把他转移到新闸路沁园村（现新闸路1124弄）22号隐居。

邹韬奋在沁园村住了一个多月，病情继续恶化。他自己也意识到病情很有可能突变，应当把必要的事情交代一下。他对徐伯昕等生活书店的同事们做了一些身后

△《患难余生记》书影

的嘱咐。他说，他死了以后，希望能将遗体解剖，或能
对医学上有所贡献；他生平不治私产，妻子沈粹缜可以
参加社会工作，贡献她的专长，长子嘉骅可专攻机械工
程，次子嘉骊可研究医学，幼女嘉骊爱好文学，都希望
给予深造的机会，使他们能为社会进步事业作出贡献。
他还谈到他的著作能由他最敬佩的老朋友胡愈之全权决

定取舍，加以整理。最后他饱含热泪地说："我死之后，请中国共产党中央委员会严格审查我一生奋斗的历史，如其认为合格，请追认入党。遗嘱也望妥送延安，火葬后的骨灰尽可能带往延安。"

1944年4月，邹韬奋的生命已处于垂危之中。为了便于抢救，曾耀仲医生冒着生命危险，把邹韬奋接进了他自己不久前在祈齐路开设的上海医院（现徐汇区结核病防治所，岳阳路190号）。为了安全起见，生活书店的同事们把邹韬奋的假"良民证"上的"李晋卿"改成"季晋卿"，沈粹缜也改称"季太太"。

△ 邹韬奋烈士墓

1944 年 7 月 24 日早晨 7 点 20 分，一代文化斗士邹韬奋终于被病魔夺去了生命。为了不被敌人发现，邹韬奋的遗体仍用"季晋卿"的名字暂时厝于上海殡仪馆，两年以后才以真名落葬在上海虹桥公墓。

1944 年 9 月 28 日，中共中央根据邹韬奋生前愿望追认他为中国共产党党员。

1967 年，邹韬奋墓迁葬于上海市烈士陵园。1995 年，邹韬奋墓随上海市烈士陵园一起迁往上海龙华烈士陵园。

后 记

民族独立民主自由的战士

1949 年 7 月，在邹韬奋逝世五周年的时候，毛泽东再次亲笔题词：
"纪念民主战士邹韬奋。"

1956 年 10 月，党和人民政府为了纪念邹韬奋，决定在他生活和
战斗过的地方——上海重庆南路 205 弄 54 号，建立纪念馆，供群众
参观瞻仰。1958 年 11 月 5 日，邹韬奋纪念馆正式对外开放。

1987 年 6 月 25 日，以继承和发扬邹韬奋精神，促进我国新闻出
版事业的繁荣和发展为宗旨的中国韬奋基金会在北京成立。邓颖超出
席了成立大会，并在贺词中希望"中国韬奋基金会努力继承和光大韬
奋精神"。中国韬奋基金会成立以后，设立了全国性的韬奋出版奖和
韬奋新闻奖，每两年评选一次，每届各十名，奖励有突出贡献的新闻
出版工作者。

1995 年 11 月 5 日是邹韬奋诞辰 100 周年的日子。首都各界二百

多人聚集在人民大会堂，隆重纪念这位伟大的共产主义战士。中共中央总书记、中华人民共和国主席江泽民和国务院总理李鹏亲笔为纪念大会题词。江泽民的题词是："继承和弘扬韬奋真诚为人民服务的精神。"李鹏的题词是："韬奋同志是新闻出版战线上的典范。"李鹏在大会上说，韬奋是"我国伟大的爱国者、著名的政治家、出版家和新闻记者"，"他短暂的一生是追求光明的一生，为人民大众鞠躬尽瘁的一生，处处闪现着耀眼的光彩，给我们留下了可贵的纪念"。"缅怀他的光辉的一生，追忆他所经历的不平凡道路，继承并发扬他的革命精神，对于推进社会主义新闻出版事业的发展，坚持为人民服务、为社会主义服务的方向，具有重要的现实意义"。"韬奋同志的名字将永远是引导新闻出版界和爱国知识分子前进的一面旗帜"！